PORTADA: CODEX VIGILANUS, CIVITAS TOLETANA, EL ESCORIAL, SIGLO X D.C.

ESTA PUBLICACIÓN SE ENMARCA DENTRO DEL PROYECTO DE INVESTIGACIÓN «IDANHA–A–VELHA (PORTUGAL). TOPOGRAFÍA URBANA DE UNA CIUDAD DE REFERENCIA PARA LA ORGANIZACIÓN ECLESIÁSTICA DE HISPANIA. UN VALOR CULTURAL ÚNICO EN LA PENÍNSULA IBÉRICA», DIRIGIDO POR LA DOCTORA ISABEL SÁNCHEZ RAMOS, CON LA APROBACIÓN INSTITUCIONAL DE LA DIRECÇÃO-GERAL DO PATRIMÓNIO DO PORTUGAL EN SU PLAN PIPA, LA FINANCIACIÓN DE AUDEMA Y EL APOYO DE LA CÂMARA MUNICIPAL DE IDANHA-A-NOVA Y LA REAL FUNDACIÓN TOLEDO.

© DE LA PRESENTE EDICIÓN, LOS AUTORES
DISEÑO Y MAQUETACIÓN: ESPERANZA DE COIG-O´DONNELL

EDITA: AUDEMA
ISBN: 978-84-16450-18-3
DEPÓSITO LEGAL: M-12394-2016

NINGUNA PARTE DE ESTE LIBRO PUEDE SER REPRODUCIDA O TRANSMITIDA EN CUALQUIER FORMA O POR CUALQUIER MEDIO, ELECTRÓNICO O MECÁNICO, INCLUIDO FOTOCOPIAS, GRABACIÓN O POR CUALQUIER SISTEMA DE ALMACENAMIENTO DE INFORMACIÓN SIN EL PREVIO PERMISO ESCRITO DE LOS AUTORES

Idanha-a-Velha. Serie Histórica

TOLEDO. LA CONSTRUCCIÓN DE UNA *CIVITAS REGIA*
Espejo de las arquitecturas provinciales.

 2

RAFAEL BARROSO CABRERA
JESÚS CARROBLES SANTOS
JORGE MORÍN DE PABLOS
ISABEL Mª. SÁNCHEZ RAMOS

2016

índice

1. TOLEDO ANTES DE LA CAPITALIDAD VISIGODA — 9
2. EL PAISAJE URBANO DE LA SEDES REGIA TOLETANA EN ÉPOCA VISIGODA — 19
   - TEUDIS Y LA ELECCIÓN DE TOLEDO COMO CORTE VISIGODA. RAZONES PARA UNA DECISIÓN HISTÓRICA — 19
   - EL GRUPO EPISCOPAL DE TOLETUM: LA IGLESIA DE SANTA MARÍA Y EL CONJUNTO BAUTISMAL — 32
   - EL NÚCLEO PALATINO: EL PALATIUM DE LOS REYES VISIGODOS Y LA IGLESIA PRETORIENSE DE LOS SANTOS APÓSTOLES PEDRO Y PABLO — 42
   - EL ÁMBITO MARTIRIAL: LA BASÍLICA DE SANTA LEOCADIA — 51
   - LA CIUDAD RESIDENCIAL: LOS PALACIOS SUBURBANOS — 56
   - LA CIUITAS DEI: LOS MONASTERIOS TOLEDANOS — 61
   - EL TERRITORIO TOLEDANO: LA CRISTIANIZACIÓN DEL PAISAJE RURAL — 66
3. TOLEDO, CIVITAS REGIA, ESPEJO DE LAS ARQUITECTURAS PROVINCIALES — 85
   - LAS EVIDENCIAS DEL CAMBIO — 89
   - NUEVA SACRALIDAD URBANA — 99
   - ARQUITECTURA RESIDENCIAL TARDOANTIGUA — 113

BIBLIOGRAFÍA — 117

Idanha-a-Velha. Serie Histórica

TOLEDO. LA CONSTRUCCIÓN DE UNA
CIVITAS REGIA
Espejo de las arquitecturas provinciales.

2016

1. Toledo antes de la capitalidad visigoda

Desde la segunda mitad del siglo II a.C., la Carpetania, antiguo territorio celtíbero al que pertenecía la actual ciudad de Toledo, se había mostrado como una zona de gran valor estratégico por su condición de frontera natural entre los fértiles territorios de la Bética y la Meseta norte[1]. Con el control y romanización de Hispania asistimos al surgimiento o revitalización de una serie de asentamientos en llano de gran extensión que facilitaron la articulación y explotación de los territorios más inmediatos a la capital toledana. Dichos asentamientos se convirtieron en centros intermedios que canalizaban los esfuerzos productivos y de intercambio desde otras unidades menores[2]. De forma paralela tuvo lugar la implantación del régimen de las *uillae* en los espacios más productivos y mejor comunicados de la región, casi siempre coincidentes con los valles fluviales. Ambos sistemas de poblamiento reflejaban un modelo territorial y de explotación perfectamente estructurado en el que el núcleo urbano de Toledo pasó a convertirse en cabeza administrativa, religiosa y económica[3]. Una de las razones que contribuyeron al éxito de Toledo fue precisamente su situación estratégica como vado del Tajo, un hecho que sin duda marcó su desarrollo histórico posterior y que alcanzaría su punto culminante en la elección de esta ciudad como *sede regia* de la corte visigoda[4].

El establecimiento de la ciudad en un peñón sobre el antiguo *oppidum* carpetano obligó en época romana a regularizar su orografía mediante la construcción de grandes aterrazamientos y el trazado de nuevos ejes viarios destinados a conseguir cierta ortogonalidad en su trama urbana. El resultado fue la construcción de una auténtica ciudad fachada en la que destacaban los complejos lúdicos construidos junto a las principales vías de comunicación que salían en

---

1 E. Sánchez (2001): 123–145.

2 J. Carrobles (1997): 9–113; J. Mangas y J. Carrobles (1998): 243–253.

3 S. Palomero (2001): 303–332.

4 A. Fuentes (2006).

dirección Norte (actual Vega Baja). La otra vía de entrada al núcleo urbano (Huerta del Rey), quedaba comunicada con Toledo a través del puente sobre el Tajo (puente de Alcántara), uno de los más destacados hitos de la ingeniería antigua de Hispania[5].

El perímetro de la ciudad romana estuvo definido por un recinto amurallado asentado en parte sobre la fortificación prerromana[6]. Estas mismas condiciones topográficas determinaron la existencia de un único trazado que discurría entre las proximidades del Puente de Alcántara y el de San Martín, es decir, sobre el borde de la falla geológica que marca el límite septentrional del peñón. La propia morfología del peñón sobre el que se asienta el núcleo urbano, unido a la dispersión de la evidencia material, permite plantear la existencia de una ciudad en alto que contaría con una extensión mínima de 60 hectáreas, es decir, muy por encima de las 5 hectáreas que algunos autores le adjudican y con las que se ha querido explicar su escaso protagonismo en las fuentes escritas de época romana sobre las que se ha basado el discurso histórico[7].

Todavía la práctica arqueológica no ha podido concretar si hubo una reducción de la superficie habitada intramuros respecto al área de ocupación romana[8], pero en las inmediaciones de la actual Puerta del Sol se documetaron restos de una torre de planta semicircular realizada mediante una cara exterior de sillares y relleno interior de mampostería trabada con un mortero de cal que ha sido fechada en la segunda mitad del siglo I[9]. En nuestra opinión, creemos que no habría porque desestimar la posibilidad de que esta torre pertenezca al recinto tardorromano de la ciudad[10], dadas las características constructivas que presenta, en concreto, el empleo de torres de planta semicircular, tipología que no suele ser norma habitual en ninguno de los recintos altoimperiales de época romana en el contexto peninsular hispano[11]. También, por la utilización de unas técnicas constructivas determinadas que son diferentes a las

---

5 J. Carrobles (2004): 9–45.

6 R. Rubio y V. Tsiolis (2004): 225–249.

7 VV.AA. (1996); A. Fuentes (1997): 477–496; VV.AA. (2005).

8 V. Tsiolis (2005c): 69–86.

9 V. Tsiolis (2005b): 83–85.

10 J. Carrobles (2004): 9–45.

11 C. Fernández y A. Morillo (2006): 253–274.

utilizadas en aquellas obras públicas fechadas en el siglo I que se documentan en Toledo[12].

De la constatación de grandes obras de aterramiento y de la aparición de relieves y esculturas que formaron parte de la decoración arquitectónica de un importante espacio público[13], se deduce la ubicación del foro romano en la zona actualmente comprendida entre el final de la calle de la Plata y la Plaza de San Vicente. Sin embargo, queda aún por documentar los diferentes edificios del conjunto forense que conformaron este espacio público (curia, basílica, templo, etc.), así como otras construcciones significativas del urbanismo altoimperial, que junto a los espacios residenciales y privados, definirían el paisaje urbano de la ciudad romana.

En cuanto al sistema hidráulico de época altoimperial, y en concreto a los cambios que, porsteriormente, afectaron a sus depósitos y canalizaciones, son realmente interesantes dos conjuntos de cisternas localizados en el interior del núcleo urbano situado sobre el peñón[14]. En el complejo localizado en la Delegación de Hacienda, a mediados del siglo IV se inicia una fase abandono y expolio mediante la realización de trincheras para la extracción de materiales constructivos susceptibles de ser reaprovechados en las nuevas construcciones de la ciudad tardía[15]. Mientras que en aquél segundo, integrado por cisternas, varias canalizaciones y parte de una calle[16] (ex–convento de Madre de Dios), se produce entre el siglo IV y V un desmantelamiento y expolio de los antiguos depósitos mediante la demolición de algunos muros para permitir la construcción de un pequeño complejo residencial, caracterizado por la utilización de materiales pobres en relación con los utilizados en las estructuras de las fases anteriores, que estaría en uso al menos hasta el siglo VI, dentro del tipo de actuación perfectamente documentado en otras ciudades hispanas de la época.

Otro hallazgo enmarcado cronológicamente en este mismo período y relacionado con un fin hidráulico, aunque posiblemente se utilizara en un ámbito ar-

---

12 V. Tsiolis (2005a): 59–63.

13 Th. Schattner (2009): 91-150.

14 F. Aranda *et al.* (1997): 31–57.

15 C. Fernández (2005): 87–95.

16 J.M. Rojas *et al.* (2007): 281–319.

tesanal o zona de producción, se constató en un espacio situado al sur del foro (Plaza de Santa Isabel). Se trata de una pequeña estructura realizada en *opus signinum* de forma circular dotada de un único acceso formado por al menos por dos escalones. A pesar de carecer de contexto arqueológico concreto, esta estructura ha sido interpretada como una piscina bautismal, suponiendo que formaría parte de un baptisterio asociado a una basílica que, a su vez, lo estaría con un palacio y en las cercanías de un posible monasterio[17]. No obstante, de su estudio no parece verificarse necesariamente ninguna de las hipótesis planteadas, ya que en realidad se trata de un resto de carácter hidráulico sin paralelos directos en el conjunto de piscinas bautismales paleocristianas documentadas en la Península Ibérica[18]. Una situación que también permite plantear su vinculación con una funcionalidad industrial ligada con las tenerías que existieron en el barrio con anterioridad al siglo XIII, antes de su traslado a la zona más próxima al río, donde permanecieron hasta el siglo XVIII.

Por otro lado, el emplazamiento de la ciudad sobre el peñón rocoso también condicionó desde fechas bastante antiguas el propio desarrollo urbano, haciendo patente la necesidad de buscar espacios abiertos o simplemente de mayor amplitud para la realización de una serie de actividades inherentes al fenómeno urbano. Este fue el caso de las vegas, en el espacio extramuros noroccidental, lugar elegido para la construcción de todo un complejo de edificios lúdicos relacionados presumiblemente con la municipalización de la ciudad[19]. Esta elección de las vegas como espacio lúdico habría de tener una importante repercusión siglos después cuando, siguiendo el modelo urbano documentado en otras ciudades que adquirieron importancia a partir del siglo III, este espacio se transformaría para dar lugar a una zona suburbial que diluyó la tradicional separación de la ciudad con respecto al campo que la rodea.

El uso del circo como espacio lúdico se mantuvo hasta momentos bastante tardíos, según se desprende del hallazgo en este lugar de sigillatas tardías, así como del descubrimiento del denominado marfil de Hipólito, pieza que formaba parte de una *sella* o cátedra de algún miembro de la más alta adminis-

---

17 J. García y F.M. Gómez (2005a): 107–112.

18 C. Godoy (1989): 607–634.

19 S. Cortés *et al.* (1984): 75.

tración, presumiblemente el gobernador provincial o el vicario de la diócesis[20]. Al norte de su hemiciclo se conservaron hasta mediados del siglo XX una serie de grandes cepas de hormigón pertenecientes a un teatro de cierta envergadura que debió construirse en el mismo momento que el circo aunque, como ocurrió en la práctica totalidad de los edificios con esta finalidad, debió abandonarse mucho antes que éste, posiblemente ya en la segunda mitad del siglo III[21]. Completando la infraestructura lúdica de época altoimperial se hallaba el anfiteatro documentado bajo el barrio de Las Covachuelas, cuyo nombre hace referencia precisamente a las estructuras sobre las que éste fue construido. Se trata de un nuevo edificio público de carácter monumental del que apenas conocemos algunas características del alzado de un extremo del graderío como el empleo de *opus caementicium* en su edificación[22].

Si bien podríamos situar ya en el siglo IV la construcción de algunas residencias de prestigio, el único testimonio correspondiente a una *domus* urbana de esta época localizado intramuros de la ciudad es un fragmento de mosaico polícromo aparecido a finales del siglo XIX en el espacio comprendido entre el Hospital de Santa Cruz y el Convento de la Concepción franciscana. Se trata de un hallazgo aislado, si bien por la representación de un motivo en pelta podría asimilarse a otros mosaicos toledanos fechados en el siglo IV[23]. Igualmente adscribibles a un ambiente residencial de época bajoimperial son las estructuras documentadas en Comercio 41, que forman parte de un edificio termal con origen en el siglo IV y que se mantendría en uso hasta finales del siglo VI o los comienzos del VII[24]. Por lo que respecta al sector aluvial aprovechable del entorno urbano, también desde las últimas décadas del siglo III se documenta el crecimiento y densificación de toda una serie de complejos residenciales que transformaron profundamente el paisaje y la funcionalidad de los espacios suburbiales de la ciudad[25]. Un fenómeno de crecimiento y ocupación antrópica con continuidad histórica y, en ocasiones, de auténtica saturación del espacio

---

20 J. Arce (2002): 245-255.

21 F.J. Sánchez-Palencia y M.J. Sáinz (1988).

22 J. Carrobles (2001): 14.

23 A. Balil (1990): 191-202.

24 J. García (2005a): 185-189.

25 J. Carrobles (1999): 193-200; R. Barroso y J. Morín (2007a): 95-161.

disponible condicionada por la orografía toledana, nada habitual, por tanto, en otras ciudades de la península[26].Este es el caso de los dos mosaicos documentados en el año 1923 en los terrenos de antigua Fábrica de Armas que se han identificado como parte del pavimento de sendas habitaciones de una *uilla*[27]. Este conjunto fue reocupado a partir de mediados del siglo IV por una serie de enterramientos que habría que vincular con un sector marginal y tardío de la necrópolis documentada en las inmediaciones de la iglesia del Cristo de la Vega.

Los edificios de espectáculos ubicados al norte del núcleo urbano, en la llanura que unía a la ciudad alta con su entorno, coexistirían desde fechas igualmente antiguas con diferentes necrópolis, que crecieron en época altoimperial de forma relativamente dispersa junto a la red viaria que surcó la Vega Baja. De su amplitud e importancia sólo conocemos que el núcleo central de la necrópolis contó con enterramientos de muy diferente tipología. Durante la Antigüedad tardía, el uso funerario de esta zona experimentó, además, un cierto crecimiento e incluso ciertos cambios en su topografía en función de las zonas con mayor demanda[28]. El origen y evolución de la necrópolis localiza en las inmediaciones del Cristo de la Vega se ha vinculado con la tradición que culminará con la consolidación del culto a Santa Leocadia, aunque este hecho ofrece aún ciertos problemas de interpretación dada la fecha relativamente tardía en la que empieza a manifestarse el culto martirial a la santa toledana. En cualquier caso, el origen de la utilización funeraria de esta zona debió tener lugar hacia finales del siglo IV o comienzos del V[29], destacando en ella el conjunto de tumbas hallado en el actual Paseo de la Basílica[30].

Por último, cabría mencionar la existencia de otro edificio importante del que sólo conocemos su planta a través de una fotografía aérea realizada en los años treinta del pasado siglo XX. Muy cerca del hemiciclo del circo y ocupando el escaso espacio disponible entre éste y la elevación del Paseo de Merchán, se puede comprobar la existencia de una construcción de gran entidad que presenta una amplia nave alargada que finaliza en su extremo sur con un gran

---

26 R. Barroso y J. Morín (2008).

27 F. de B. San Román (1934): 339–347.

28 P. de Palol (1972): 133–150.

29 J. Carboles (1999): 197; *Id.* (2007): 63.

30 J. García (2005b): 191–199; J. García y F.M. Gómez (2005b): 207–212.

ábside. Podría tratarse tanto de un edificio anexo al complejo circense, como de un primitivo edificio de culto de fechas tardías, que vendría a completar el único espacio que había ido quedando libre en toda esta zona suburbial.

se puede comprobar la existencia de una construcción de gran entidad que presenta una amplia nave alargada que finaliza en su extremo sur con un gran ábside. Podría tratarse tanto de un edificio anexo al complejo circense, como de un primitivo edificio de culto de fechas tardías, que vendría a completar el único espacio que había ido quedando libre en toda esta zona suburbial.

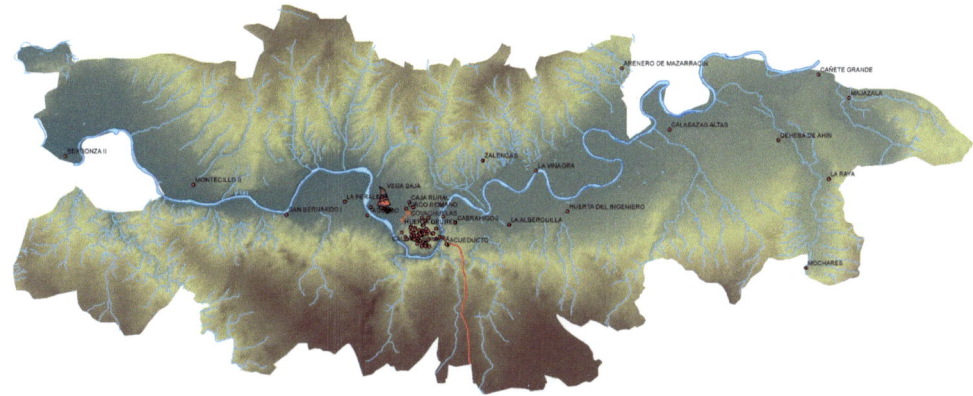

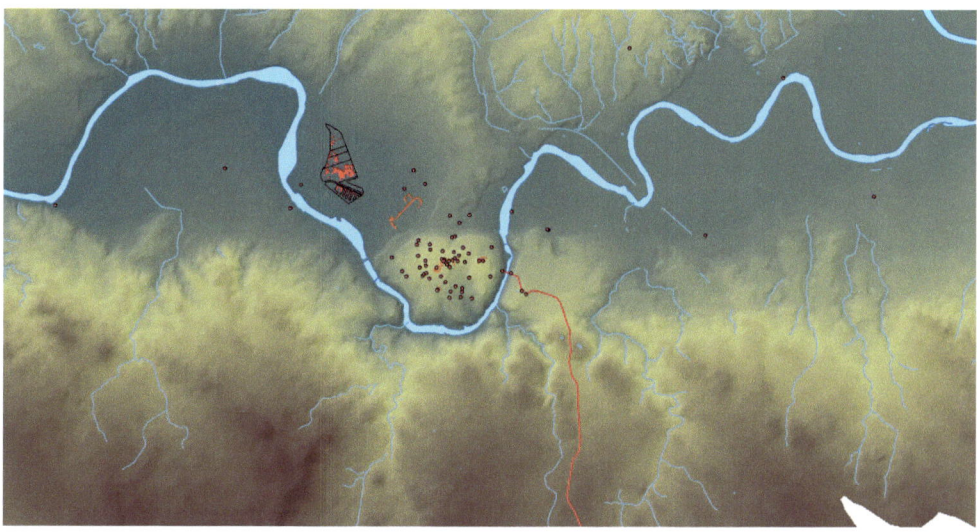

Arriba: poblamiento romano en el T.M. de Toledo. Abajo: distribución de los restos romanos en Toledo y su espacio periurbano.

ZALENCAS
VEGA BAJA
LA PERALEDA
CAJA RURAL
CIRCO ROMANO
SAN BERNARDO I
TABORDO
COVACHUELAS
HUERTA DEL REY
PASEO DE LA ROSA
LA ALBERQUILLA
HUERTA DEL INGENIERO
CALZADA ROMANA
ACUEDUCTO

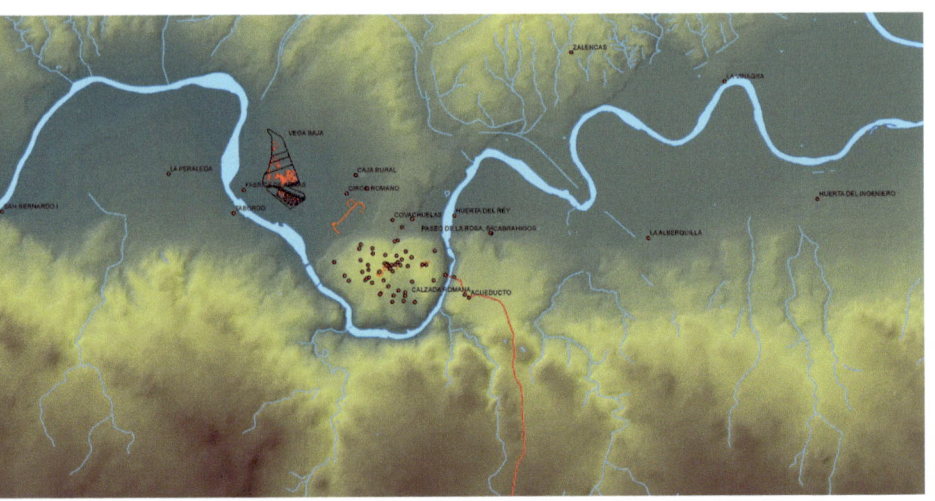

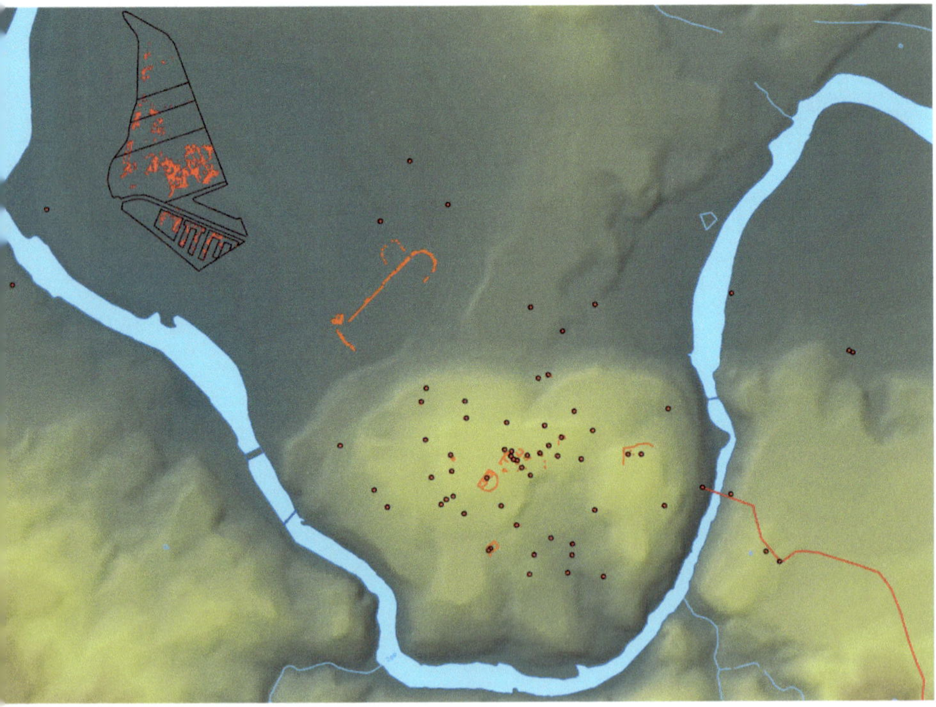

COVACHUELAS
Horno y fosas,C Pta Nueva 11
Cerámica,Callejón Recoletas 2
PUERTA DEL REY
PASEO DE LA ROSA, 94
CABRAHIGOS
Alcantarilla,Puerta Balmardon
Cerámica. Casas de Vargas
Muros. Calle Real 4, 6 y 8
Muro. Plaza de Buzones 8
Muro,Pza San Nicolás
Cerámica,Plaza Capuchinas 10
Muro,C Instituto
Muros,Callejón Menores 11
Muro,C Comercio 41
Muro,C de la Plata 22bis
Ceramica,Garcilaso Vega 3
Piscina,C Amarillo San Martín 1
Sistema hidráulico,Hacienda
Cisterna,Convento San Clemente
Muro,C Alfonso X el Sabio 6
Muro,C de la Sal 8
Muros,Pza Norte Alcázar
Muro,Amador Ríos 2
Restos Mezquita de Tornerías
Canal y termas,Pza Amador Ríos
Bóveda,C Nuncio Viejo
Varios,Cobertizo San Pedro Mártir
Muro,C Bulas 4
Cerámica,C Nuncio Viejo 3
Muros,canales,Con Madre Dios
Ceramica,Reyes Católicos,C del
Muro,C Campana 7
Muros,Sinagoga Sta M Blanca
Cerámica,C Cultural San Marcos
Cerámica,C Santo Tomé 6
Cerámica,Antiguo Hotel Lino
Restos acueducto
Restos acueducto
Muros,aljibe,Casas Consistoriales
Recorte en roca,C Bajada Pozo
Muro,Pza de las Fuentes
Alcantarillado,Pza Juego Pelota
Cerámica,C Sta Úrsula 10-18
Muro,Callejón de Jesús
Pavimento,Pza Santa Isabel
Cerámica,Bajada Sacramento 3
CALZADA ROMANA
ACUEDUCTO

VEGA BAJA
CAJA RURAL
FABRICA DE ARMAS
EDIFICIO DE TELEFÓNIC
CIRCO ROMANO
TABORDO

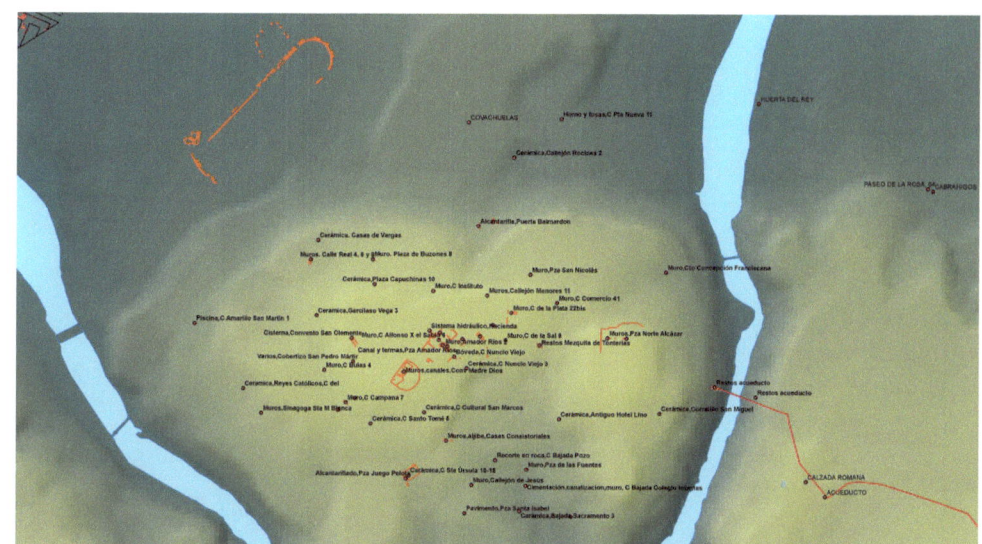

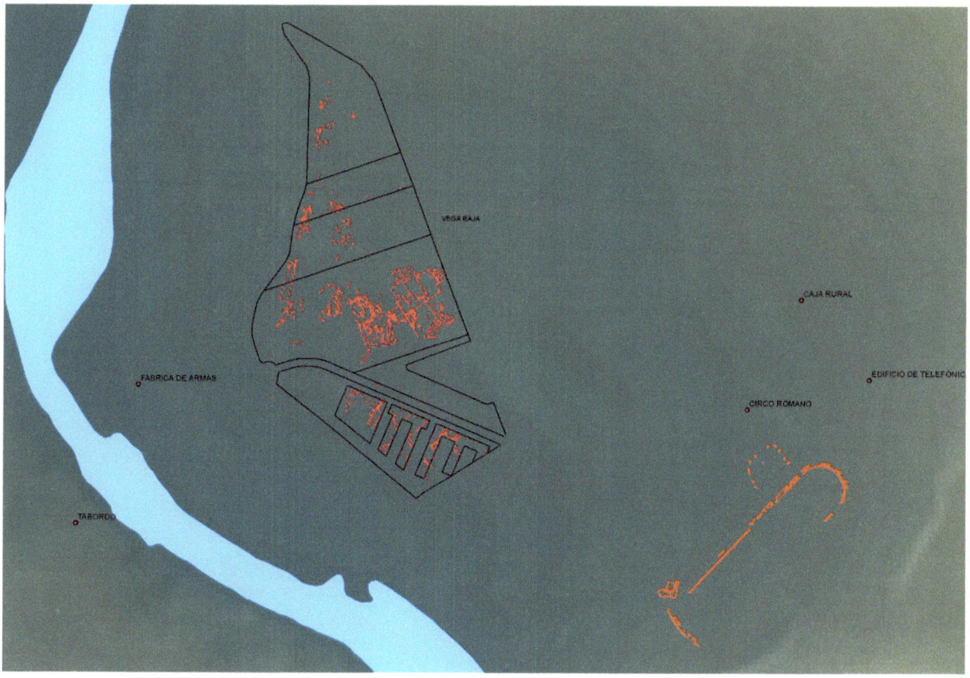

 # 2. El paisaje urbano de la sedes regia toletana en época visigoda

Teudis y la elección de Toledo como corte visigoda. Razones para una decisión histórica

El 24 de noviembre del año 546 el rey Teudis sancionaba en Toledo un decreto sobre costas procesales y ordenaba su inclusión en el *Codex Theodosianus*. Este hecho ha sido señalado repetidamente como el punto de inicio del proceso hacia la capitalidad de Toledo[31]. Si bien no es cuestión de relativizar la importancia de la medida adoptada por Teudis, lo cierto es que unos decenios antes, en el año 527, la ciudad había mostrado su importancia dentro del panorama peninsular al ser la sede de un importante concilio nacional. Este sínodo demuestra que ya a comienzos del siglo VI la ciudad de Toledo contaba con un cuadro administrativo de cierto nivel[32].

Sin duda, gran parte del éxito de la elección de *Toletum* como capital tuvo que ver con su privilegiada situación geográfica, al actuar como centro de un importante nudo de comunicaciones entre ambas mesetas y a través del corredor del Tajo[33]. Además, hay que subrayar su situación céntrica con respecto a la geografía peninsular, su carácter de vado privilegiado del Tajo y sus enormes potencialidades defensivas y económicas, gracias a su emplazamiento en el peñón toledano y la riqueza de las vegas. No obstante, dejando a un lado los obvios condicionantes geoestratégicos, Toledo contaba a su favor el que se

---

31 *Dat. sub die VIII. kalendas Decembrias anno XV. regni domni nostri gloriosisimi Theudi regis Toleto* (ed. Th. Mommsen [1902]: 467-469). Utilizamos el nombre habitual en la historiografía española aunque su verdadero nombre pudo ser Teodorico (R. Collins [2004]: 38). Una valoración ajustada del reinado de Teudis en: P. Fuentes (1996): 9-36. Una visión diferente en J. Arce (2011) 73s, que niega validez al argumento de la data de la ley. Pero este argumento debe unirse a otros indicios como veremos a continuación. El mismo autor aporta el testimonio indirecto de Procopio (BV I 24) donde se da cuenta de que la corte de Teudis se hallaba "tierra adentro", expresión que, vista en el contexto general, sólo puede referirse a Toledo.

32 "Antes que reinase Teudis, la gran metrópoli de los concilios, no era indigna del rango al que ascendió como centro de la unidad de la nación y cima de su pujanza", en palabras de F. Fita (1889): 473-495.

33 C. Martin (2003).

hubiera visto libre del clima de inseguridad que vivió la península a lo largo del siglo V, lo que le permitió conservar intactas importantes infraestructuras urbanas susceptibles para el uso y disfrute de la población[34]. Por otra parte, Toledo se hallaba lejos de la antigua administración tolosana y, por tanto, de francos y ostrogodos, así como de *Emerita Augusta* antigua capital de la *diocesis Hispaniarum*, ciudades ambas que en principio podía haberle hecho sombra por su prestigioso pasado pero que quedaron finalmente relegadas debido a su vinculación con la dinastía de los Baltos, la primera, y con la administración imperial, la segunda[35].

Otro factor que pensamos influyó de manera notable en la elección de Toledo fue el asentamiento de contingentes poblacionales visigodos en la zona centro-meridional de la península. En efecto, el mapa de dispersión de las necrópolis con depósitos funerarios de tipo danubiano refleja su máxima concentración en el área central de la meseta, en la propia provincia de Toledo y el sur de la provincia de Madrid perteneciente al *hinterland* de la que será capital del *regnum Gothorum*[36]. Por otro lado, el territorio toledano se encontraba bien poblado de fincas destinadas al uso y disfrute de grandes latifundios, que demuestran la existencia de una importante clase aristocrática provincial que no dudará en fundirse con la nobleza goda. Del fruto de la fusión de ambos grupos oligárquicos —detentadores unos del poder económico de la tierra y del poder coercitivo de las armas los otros—, se entiende la relativa estabilidad institucional que gozó el reino toledano, al menos en comparación con otras realidades de la Europa bárbara.

A propósito de esto último conviene subrayar un aspecto más que a nuestro juicio debió pesar decisivamente en la elección de la ciudad del Tajo como *sedes regia* visigoda y que ha pasado un tanto inadvertido para la investigación: el factor político y, más concretamente, la noción de continuidad histórica y simbólica del valle del Tajo en relación con el pasado imperial romano, un

---

34 J. Carrobles (2007): 45-92.

35 Sobre todo con motivo de la celebración del XIV centenario del III concilio de Toledo, se han sucedido los estudios acerca del proceso de capitalidad de Toledo: E. Ewig (1963): 25-72; P. de Palol (1991): 787–832; I. Velázquez y G. Ripoll (2000): 521-578; C. Martin (2003): 205-216; L.J. Balmaseda (2007b): 197-214; R. Barroso y J. Morín (2007a): 97-16; VV. AA. (2009); L. Olmo (2010): 87-111; R. Barroso *et al.* (2011): 1-69.

36 R. Barroso y J. Morín (2008); J. Morín (2006).

aspecto éste que ha sido brillantemente señalado por A. Canto[37]. Dicha continuidad con el pasado imperial queda ejemplificada en el episodio de las nupcias de Teudis con una importante matrona hispanorromana. Ciertamente, este episodio constituye el mejor ejemplo de esa política de fusión entre noblezas bárbara y provincial a la que antes hemos aludido, pero posee además un valor inequívoco en cuanto a que expresa de forma nítida la política que pretendía desarrollar el monarca godo.

En efecto, aunque el relato de las nupcias de Teudis narrado por Procopio de Cesarea ha sido analizado sobre todo en relación con la formación de los ejércitos privados en la antigüedad, la importancia que pudo tener este matrimonio para la futura elección de Toledo como *sedes regia* nos parece una hipótesis muy sugerente. Procopio afirma que la dama en cuestión pertenecía a uno de los linajes más distinguidos de Hispania y que no sólo poseía una gran riqueza, sino también un enorme prestigio y poder. En concreto, el historiador afirma que gracias a esta unión Teudis pudo reclutar un formidable séquito militar de 2 000 guerreros y gozar así de una independencia *de facto* sobre la autoridad de Teodorico. A la muerte de Amalarico, y con el respaldo de este ejército, Teudis usurparía (τύραννος es el término empleado por Procopio) el trono visigodo en 531[38].

No obstante, conviene situar este episodio en su preciso contexto histórico. Ya en primer lugar llama la atención el término empleado por Procopio para referirse al séquito armado de Teudis. El autor no habla de *bucelarii* o cualquier otro término similar –es decir, clientes armados de origen privado en sentido genérico–, sino de δορυφόρων ("portadores de lanzas"), un término muy preciso en su época desde el punto de vista militar e institucional. En primer lugar, pues, habría que subrayar el hecho de que dicho séquito no estuviera com-

---

37 A. Canto (2006): 388-421.

38 Procop. BG V 12 50s: Μετὰ δὲ Θεῦδις, Γότθος ἀνήρ, ὅνπερ Θευδέριχος τῷ στρατῷ ἄρχοντα ἔπεμψε, γυναῖκα ἐξ Ἰσπανίας γαμετὴν ἐποιήσατο, οὐ γένους μέντοι Οὐισιγότθων, ἀλλ' ἐξ οἰκίας τῶν τινος ἐπιχωρίων εὐδαίμονος, ἄλλα τε περιβεβλημένην μεγάλα χρήματα καὶ χώρας πολλῆς ἐν Ἰσπανίᾳ κυρίαν οὖσαν. ὅθεν στρατιώτας ἀμφὶ δισχιλίους ἀγείρας δορυφόρων τε περιβαλλόμενος δύναμιν, Γότθων μὲν Θευδερίχου ὄντος τῷ λόγῳ ἦρχεν, ἔργῳ δὲ τύραννος οὐκ ἀφανὴς ἦν. (ed. H. B. Dewing [1968]: 130s). Para valorar en su justa medida el potencial bélico del séquito puesto al servicio de Teudis habría que recordar que Belisario llevó en su ejército expedicionario contra los vándalos una fuerza de 10.000 infantes y 5.000 caballeros (Procop. BV III 11).

Detalle del sarcófago de Alcaudete (Jaen).

puesto por simples soldados o clientes armados, sino por guerreros de elite vinculados a su señor mediante juramento de fidelidad[39].

Asimismo, desde el punto de vista militar, el término poseía también un sentido muy preciso: se trata, en efecto, de soldados de la caballería pesada, armados con larga lanza (*kontos*, *hasta*) y con defensas de metal a modo de armadura. En realidad, durante el Bajo Imperio y en época bizantina el término *doryphoroi* devino en sinónimo de *clibanarii* o guerreros ataviados con poderosas defensas, a la usanza de la caballería de partos y persas, a los que se considera auténticos antecedentes de la caballería pesada de época plenamente medieval. El emperador bizantino León VI el Sabio (886-912), en su obra *Tactica*, afirma que entre los "antiguos" la caballería pesada estaba dividida en dos tipos de tropas: *thyreophoroi* y *doryphoroi*, y que esta última categoría no luchaba con escudo. El autor habla en concreto que los *doryphoroi* estaban armados con *kontos* o lanza larga y pesada que hacía imposible la maniobra de lanza y escudo a la vez, lo que, a falta de estribos, obligaba a manejarla con ambas

---

[39] En principio, los *doryphoroi* eran un cuerpo perteneciente a la casa del emperador, que vivían a sus expensas y que actuaban como oficiales de alto rango del ejército imperial. Sin embargo, siguiendo el ejemplo del emperador, también los nobles poseían *doryphoroi* a su servicio, incluso a pesar de los intentos de prohibición por parte de la autoridad imperial. Belisario fue *doryphoros* de Justiniano y contaba a su vez con un grupo de *doryphoroi* de origen huno.

Infante tardoantiguo con escudo oval, como el localizado en la villa madrileña de Tinto Juan de la Cruz (según Barroso y Morín).

manos, al uso de los guerreros nómadas sármatas y escitas[40]. Así, pues, parece evidente que el séquito militar de Teudis estaba muy alejado de aquel ejército reclutado por Dídimo y Veridiano —"nobles y ricos" y además, no se olvide,

---

[40] Leo imp. *Tactica siue Re Militari liber*, VI 32: [...] *Ex iis autem qui proemio confligeban, alii thureos, id est, scuta oblonga magna habebant, alii sine scutis solis hastis (kontarioi) proeliabantur, et illi quidem thureophori, id est, scutari nominabantur, hi uero hastati (dorophoroi): nam contarium hastam apellabant* (ed. Migne PG 107 731s) *Vid.* A. Bruhn Hoffmeyer (1996): 119. Evidentemente aquí "antiguos" sólo puede referirse a época bajoimperial, porque en la antigüedad clásica ambas categorías se referían a tropas de infantería. Recordemos de paso también que un cuerpo de *clibanarii* pertenecía a la *scola* y el resto a los *palatini*, lo que de aceptarse la equivalencia con los *doryphoroi* citados por Procopio, daría una idea del rango y la importancia del séquito de Teudis. En época tardía el término *clibanarii* se confundió a veces con el de *cataphracti* refiriéndose ambos a la caballería pesada, como se ve en Amm. XVI 10 8: ... *sparsique cataphracti equites, quos clibanarios dictitant*... En este autor es habitual el uso genérico de *cataphracti* para referirse a la caballería pesada.

Caballería pesada tardoantigua.

parientes del emperador Honorio– entre los *seruulos ac uernaculis* de sus predios para asemejarse mucho a lo que serán siglos después las mesnadas medievales[41].

Más difícil sin embargo es probar el *origo* toledano de la esposa de Teudis. Es cierto que Procopio apenas informa acerca de la procedencia de esta dama, limitándose tan sólo a señalar que era de origen hispano y no de raza goda. No obstante, teniendo en cuenta que Teudis hizo de Toledo el centro de su poder (es aquí donde firma su decreto de costes judiciales y es en esta ciudad donde

Caballería ligera tardoantigua.

permite la celebración de un concilio con vocación nacional), no parece improbable que la dama perteneciera a la más alta nobleza del valle del Tajo. En realidad, aunque los indicios no son por completo concluyentes, convendría valorar aquí, sin embargo, algunos elementos más del contexto histórico en el que se desenvolvió el matrimonio del rey godo y la matrona hispana que nos

---

[41] P. Oros. *Aduers. pag.* VII 40 5s: ...*duo fratres iuuenes nobiles et locupletes Didymus et Verinianus non assumere aduersus tyrannum quidem tyrannidem sed imperatori iusto aduersus tyrannum et barbaros tueri sese patriamque suam moliti sunt. quod ipso gestae rei ordine patuit. nam tyrannidem nemo nisi celeriter maturatam secrete inuadit et publice armat, cuius summa est assumpto diademate ac purpura uideri antequam sciri; hi uero plurimo tempore seruulos tantum suos ex propriis praediis colligentes ac uernaculis alentes sumptibus nec dissimulato proposito absque cuiusquam inquietudine ad Pyrenaei claustra tendebant* (ed. K. Zangemeister, 1889). Zósimo (VI 4 3) afirma que los parientes de Honorio utilizaron también las tropas acantonadas en Lusitania que, según Le Roux, pertenecían a una especie de milicia local reclutada al efecto, ya que el ejército de Hispania había sido retirado antes por Estilicón. No obstante, tal como recoge Sozomeno (H E IX 11), debió tratarse también de un ejército privado reclutado por los nobles: *vid*. P.C. Díaz (2011): 46-55; J.J. Sayas y M. Abad (2013): 240. En tal caso, podríamos establecer un precedente para el ejército de la mujer de Teodosio. Para el contexto histórico en el que se enmarca el episodio de Dídimo y Veridiano *vid*. J. Arce (1982).

Reconstrucción de Carranque. Parque Arqueológico de Carranque.

parecen enormemente significativos: por un lado, la gran riqueza agraria del territorio circundante a Toledo y, por otro, la vinculación de la familia imperial teodosiana con el valle del Tajo.

En este sentido los datos arqueológicos avalan la existencia de una potente clase aristocrática provincial en torno a la ciudad de Toledo y las fértiles vegas del Tajo. Villas tan espectaculares como la de Carranque, mausoleos monumentales como el de Pueblanueva o el largo *corpus* de sarcófagos romanos conservado en Toledo que, junto al conservado en Zaragoza, constituye uno de los conjuntos escultóricos más importantes de toda la España tardoantigua, evidencian el poder económico y social detentado por la aristocracia de la Cartaginense central[42].

---

42 Para Carranque: J. Arce (2003): 17-30; C. Fernández-Ochoa *et al.* (2007): 743-753. Pueblanueva: T.

Reconstrucción de Carranque. Arriba edificio A. Abajo edificio B. Parque Arqueológico de Carranque.

Del mismo modo, y aunque sea discutible la identificación del *Maternus* de la villa de Carranque con el *Maternus Cynegius* (*PPOrientis* en 384-388, *cos.* 388), existen datos que avalan la posible relación de algunas de estas poderosas familias carpetanas con la dinastía teodosiana, dado el mismo origen hispano de la dinastía y la relación afectiva y familiar que ésta mantuvo siempre con su tierra de procedencia[43]. A este respecto, A. Canto interpretó como prueba de la vinculación entre el clan hispano de Teodosio y el valle del Tajo unos versos del último de los poetas clásicos y vate oficial de la dinastía teodosiana, Claudio Claudiano, en los que alude a los consulares y senadores llegados de Hispania para asistir a las ceremonias del cuarto consulado de Honorio como "ilustre descendencia" del Tajo[44]. Ya de por sí resulta altamente significativa la mención en esos versos al Tajo y no al Ebro, río epónimo de Iberia, como referente simbólico para Hispania, algo que a nuestro juicio se explicaría no sólo por la relación de una parte del clan teodosiano con las tierras del interior de la Cartaginense, sino también por la creciente importancia de Toledo en las nuevas estructuras de poder de la Hispania tardoantigua. Recuérdese que en una fecha tan temprana como el año 400, en tiempos de los emperadores Honorio y Arcadio, tuvo lugar en esta ciudad la reunión de un concilio general en el que se abordó un tema de enorme calado político y religioso, con repercusiones en el ámbito imperial, como era la condenación del priscilianismo.

Pero, además, A. Canto llamó también la atención sobre otro poema del mismo vate dedicado a honrar las nupcias de Honorio y María, la hija mayor de Estilicón y Flavia Serena, sobrina adoptada de Teodosio, en el que Claudiano empareja literariamente a Teodosio con el *Baetis* y a Serena con el *Tagus*[45].

Hauschild (1978): 307-339. El Saucedo: M. Bendala *et al.* (1998): 298-310.

43 El origen, la relación familiar con la dinastía teodosiana y aún la misma identificación del Maternus de Carranque con el cónsul *Maternus Cynegius* sigue siendo objeto de debate. Sin embargo, el entierro de *Maternus* en la basílica de los Santos Apóstoles de Constantinopla apunta a una relación familiar con Teodosio y su traslado posterior a Hispania a pie desde la capital imperial hace suponer un origen hispano de éste o de su mujer Acantia. Sobre *Maternus Cynegius*: Arnold H. M. Jones *et al.* PLRE I, s.v. 235s. En cualquier caso, la identificación del *comes Maternus* con el propietario de la villa de Carranque es objeto de discusión. J. Arce [2003] se muestra claramente contrario a tal identficación, pero *vid.* la postura menos categórica de M. Kulikowski [2010]: 46s o abiertamente favorable de A. Canto [2000]: 299s.

44 Claud. *Pan. de quarto cons. Hon.* vv. 581-583: *numeroso consule consul/cingeris et socios gaudes admittere patres./inlustri te prole Taguste Gallia doctis/civibus et toto stipavit Roma senatu;* (ed. Theodorus Birt, Claudii Claudiani Carmina, en MGH Aa 10, Berlín [1892]: 177); A. Canto [2000]: 299.

45 Claud. *Fescen. de nupt. cant.* II v. 26-34: *Habet hinc patrem maritus,/habet hinc puella matrem./[...] decorent virecta Baetim, /Tagus intumescat auro/ generisque procreator/ sub uitreis Oceanus/ luxurietur antris.* (ed. Birt [1892]: 122) (... de aquí (de Iberia) tiene el esposo a su padre (Teodosio), de aquí tiene la

De ahí que la citada autora supusiera como muy probable que la familia del padre de Serena, hermano del emperador, tuviera su residencia y principales propiedades en el fértil valle del Tajo y, más aún, con certera intuición vinculara este hecho con la futura capitalidad de Toledo en época visigoda[46]. Es verdad que entre el final de la dinastía teodosiana (a. 455) y el matrimonio de Teudis (*ca.* 526) media un lapso de setenta años de diferencia. No nos parece, sin embargo, un periodo demasiado dilatado para el recuerdo del linaje, ya que el sentimiento de continuidad familiar entre las elites de la antigüedad es una realidad bien atestiguada entre los clanes familiares de época visigoda y altomedieval, y no hay razón alguna para dudar que ese sentimiento debió ser aún más fuerte entre las familias de rango senatorial en la transición del Bajo Imperio a época visigoda[47].

Recordemos, por último, que Teudis fue el primer monarca entre los visigodos en adoptar el título de *Flauius*, siguiendo el ejemplo de otros reyes y nobles godos atraídos hacia la causa de la romanidad, como el noble Fravitta o el propio Teodorico. Sin embargo, lo significativo de la adopción de la titulación imperial por parte del rey visigodo es que, a diferencia de éstos, Teudis no recibió el título de manos de ningún emperador, ni desempeñó cargo alguno dentro de la administración imperial que pudiera otorgarle tal privilegio (tan sólo se le considera *armiger* de Teodorico), sino que se lo arrogó por decisión propia[48]. Si a todas estas razones unimos el hecho de que el mismo Teudis pertenecía a un destacado linaje ostrogodo, emparentado quizá con la estirpe real y semi-

---

novia a su madre (Serena)…Que frondosas riberas adornen el Betis (Teodosio), que el Tajo (Serena) crezca con su corriente de oro, y que quiera Océano, procreador de su estirpe, ser espléndido bajo sus cuevas cristalinas…). *Vid.* A. Canto (2006): 412 n. 71.

46 A. Canto (2006): 412.

47 A finales del siglo IV el propio Teodosio y su entorno cortesano eran conscientes de la continuidad de su estirpe con la dinastía Ulpia-Aelia a pesar de la diferencia de siglos entre ambas: A. Canto (2006): 412. Sobre el tema de las continuidades de linajes entre la tardía Antigüedad y la alta Edad Media, véase L.A. García Moreno (1997): 217-234.

48 Sobre Fravitta véase A. Cameron *et al.* (1993): 236-252. Para Teodorico: J.J. Arnold (2008): 135. En adelante el título de *Flauius* fue el título propio de la realeza visigoda, como se ve en la titulatura adoptada por los monarcas toledanos o en episodios tan reveladores como la rebelión del duque Paulo contra Wamba. Todavía en 974 Ramiro III, en un intento de remarcar la continuidad del reino de León con el antiguo reino visigodo, se hizo titular *Flauius princeps magnus basileus unctus*: H. Wolfram (1997): 109, 273 y 277. Por otra parte, el nombre de Teudis recuerda demasiado a Teodosius como para pensar en una casualidad, sobre todo si es cierta la hipótesis lanzada por Collins (cit. n. 32) de que su verdadero nombre era Teodorico.

divina de los Amalos[49], no sería en absoluto extraño que la idea de contraer matrimonio con una distinguida matrona hispana, perteneciente quizá del linaje de Teodosio, hubiera tenido un evidente objetivo político, a saber: seguir el malogrado ejemplo de las nupcias principescas de Ataúlfo y Gala Placidia en Narbona. Esta actuación entraría además en consonancia con la política de atracción del elemento romano seguida por Teodorico en Rávena[50].

Con posterioridad a Teudis, nuevas referencias literarias certifican que la corte visigoda continuaba establecida en Toledo durante el reinado de Atanagildo (554-567). Desde esta ciudad parten las hijas de Atanagildo camino del triste destino que les depararía la Francia merovingia y es también en la misma Toledo donde encuentra la muerte el monarca de forma natural[51]. Esto es ya de por sí significativo, puesto que durante el periodo que va desde el asesinato de Teudis al alzamiento de Atanagildo las noticias históricas (muerte de Teudiselo en *Spalis*, campaña de Agila contra *Corduba* y guerra civil y entrada de los imperiales en Hispania) parecen centrarse exclusivamente en el mediodía y levante peninsulares (HG 44-47). De hecho, no será hasta el reinado de Leovigildo (568-586), después de un periodo en que ciertamente los intereses de la monarquía goda se habían dirigido hacia la Bética, cuando Toledo se convierta en asiento indiscutible de la corte visigoda. Es ahora cuando en verdad puede señalarse a Toledo como verdadero centro del poder visigodo en la península a donde regresa después de sus victoriosas campañas militares. Sin embargo, en esto, como en casi todas las acciones del comienzo del reinado de Leovigildo, la política seguida por el rey no hizo sino desarrollar hasta sus últimas consecuencias el planteamiento delineado años atrás por Teudis de construir un reino cuyas fronteras coincidieran con las de la antigua *diocesis Hispaniarum*, si bien esta vez la tentativa fue coronada por un éxito que no acompañó al ostrogodo (HG 43). Dicho en palabras de M. Koch, "a diferencia de Leovigildo,

---

49 En cualquier caso se sabe que era pariente de Hildebado (tío) y posiblemente de Totila (tío abuelo), sucesores de la casa de Teodorico en el trono ostrogodo: P. Heather (1996): 242. Para la política de Teudis como precedente de Leovigildo: M. Koch (2008): 101-117.

50 Oros. *Adv. pag.* VII 43 6.

51 Isid. Hisp. HG 47: *decessit autem Athanagildus Toleto propria morte…* (ed. Th. Mommsen [1894]: 286); Ven. Fort. Carm. VI 5 95-98: *serraco in ponte retento protulit hoc fletu Gelesuintha caput: Sic gremio, Tolete, tuo nutribas, ut aegra excludar portis tristis alumna tuis?* (ed. F. Leo [1881]: 138) C. Martin (2003) 210s; J. Arce (2011): 74.

Teudis tuvo la mala suerte de perder, por lo menos una vez, una batalla y, poco después, su propia vida"[52].

En cualquier caso, como consecuencia de la elevación de Leovigildo al trono tuvo lugar el desarrollo de una auténtica política imperial destinada a reforzar la imagen y el poder real visigodos (HG 51). Que esta política imperial era un hecho sentido en su época lo adivinamos en la crónica de Juan de Biclaro, cuando afirma que Leovigildo fue capaz de "volver a extender de forma admirable hasta sus primitivas fronteras el territorio provincial de los godos, que había sido disminuido ya por rebeliones diversas", una frase en la que quizá pueda adivinarse un eco de la declaración de Justiniano de marzo 536 de restaurar el imperio de los antiguos romanos[53]. Dicho programa político cristalizaría finalmente en la constitución de un auténtico órgano de gobierno, el *Officium Palatinum* o Aula Regia, y en la construcción de una auténtica *ciuitas regia* que actuara de soporte material y simbólico de ese nuevo poder frente a Constantinopla y los francos. Pocos años después, como consecuencia de la conversión de los godos a la fe católica en 589, se unirá a esta tarea el elemento eclesiástico, dando origen a un sistema político en el que para algunos no es difícil adivinar el precedente de las cortes medievales[54]. La celebración de los concilios nacionales desde el año 400 y durante todo el periodo visigodo contribuyó, por un lado, a la exaltación de la ciudad de Toledo, mientras por otro marcaban el devenir de la política eclesiástica del reino a través de su influencia en la organización de otros sínodos provinciales.

---

52 M. Koch (2008): 110.

53 Ioh. Bicl. *Chron*. 569.4:…*prouinciam Gothorum, quae iam pro rebellione diuersiorum fuerat diminuta, mirabiliter ad pristinos reuocat terminos* (ed. Th. Mommsen [1894]: 212); *Nov.* XXX 11 2: …*et spes habere bonas quis etiam reliquorum nobis detentionem annuet deus, quam prisci Romani usque ad utriusque oceani fines tenentes sequentibus neglegentiis amiserunt…* (ed. R. Schoell – G. Kroll [1954]).

54 G. Ripoll (2000): 371-401; C. Martin (2003): 228; R. Barroso y J. Morín (2007a): 96. Una crítica a la interpretación tradicional del reinado de Leovigildo en: J. Arce (2001) y M. Koch (2008): 101-117.

El grupo episcopal de Toletum: la iglesia de Santa María y el conjunto bautismal

De la documentación conciliar del siglo VII se conoce la existencia en *Toletum* de tres iglesias que sirvieron de escenario a la reunión de concilios y que parecen marcar los hitos esenciales de la topografía urbana del Toledo visigodo: la sede episcopal de Santa María, la *ecclesia praetorensis* de los Santos Apóstoles y la basílica martirial de Santa Leocadia *in suburbium*, de las que, por desgracia, no tenemos ningún conocimiento arqueológico preciso[55]. No obstante, a pesar de este desconocimiento, la investigación arqueológica ha permitido documentar una serie de complejos arquitectónicos y destacadas piezas suntuarias de los siglos IV y V que demuestran que por esas fechas Toledo era una ciudad destacada dentro del panorama eclesiástico peninsular. Esto no impide que, como resultado del fenómeno de transformación que afectó a la mayor parte de los núcleos urbanos de las provincias occidentales, en este momento se registre también el abandono de muchos de los antiguos espacios públicos. Al mismo tiempo aparecen nuevos conjuntos edilicios –casi siempre, pero no exclusivamente– eclesiásticos, que ponen de manifiesto el carácter urbano de las poblaciones de mayor rango como la misma *Toletum*. Este es el caso, por ejemplo, de las murallas y de los inmuebles destinados a la administración del Estado, así como también el de las nuevas iglesias y catedrales, símbolos del creciente poder adquirido por la Iglesia a lo largo de estas centurias.

Con carácter general, los cambios más significativos detectados en los episcopios hispanos se producen entre la segunda mitad del siglo VI e inicios del siglo VII, es decir, cuando se consolida la estructura estatal de la monarquía goda y con ella la red de obispados. De hecho, esta época fue testigo de un aumento considerable de las sedes episcopales (la mayoría de ellas en la *Carthaginensis*), que no necesariamente se emplazaron en ciudades con una continuidad ininterrumpida desde el periodo altoimperial[56]. El canon 4 del XII concilio de Toledo (a. 681) es una referencia precisa sobre lo habitual que había llegado

---

[55] P. de Palol (1991): 787–832; I. Velázquez y G. Ripoll (2000): 550; L.J. Balmaseda (2007a); J. Carrobles *et al.* (2007): 15-41.

[56] Sobre el tema de la fundación de nuevas sedes episcopales y la reorganización territorial operada desde mediados del siglo VI, véanse L.A. García Moreno (1990): 246-249; J. Peidro (2008): 263-276.

Distribución de los spolia en la ciudad de Toledo y su concentración por áreas.

a ser, llegado el siglo VII, la creación de obispados al margen de las *ciuitates* clásicas. A lo largo de esa misma centuria tuvo lugar la exaltación de la sede toledana. Como es sabido, durante el periodo visigodo, el obispo de Toledo llegó a alcanzar la primacía *de facto* sobre el resto de los obispos de Hispania, dentro de un largo y tortuoso proceso que corrió paralelo al afianzamiento de la ciudad como corte regia. Dicho proceso hunde sus raíces en la regencia y reinado de Teudis y tuvo sus principales hitos en la celebración del III Concilio (a. 589) y la promulgación del Decreto de Gundemaro (a. 610), llegando a su completa culminación en el XII Concilio de Toledo (a. 681) con la promulgación del llamado privilegio de elección (can. 6) por el que el obispo de la sede regia,

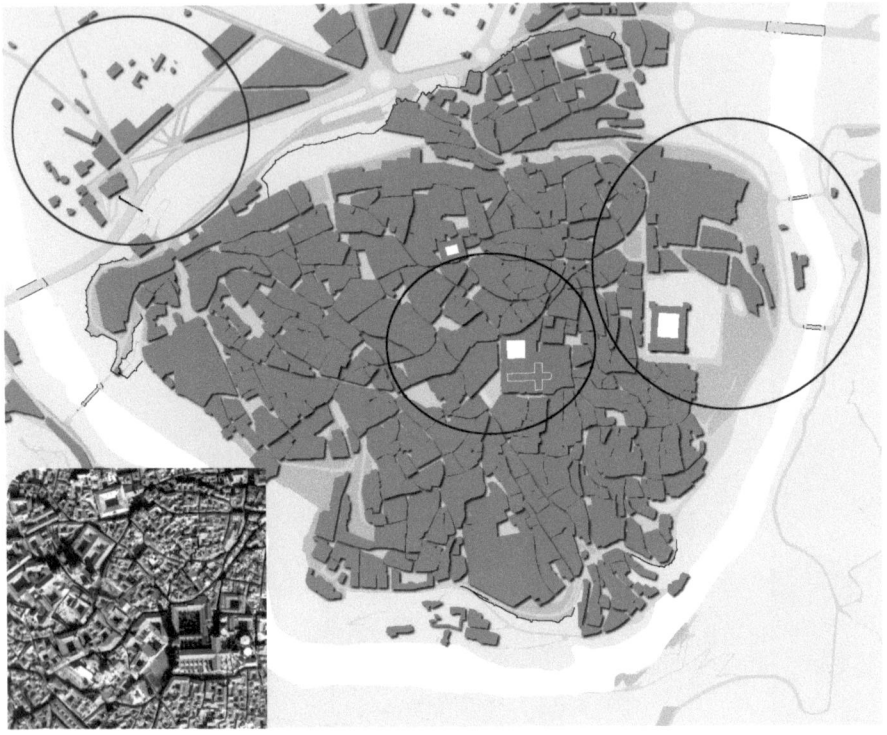

Topografía de Toledo con el conjunto episcopal en el centro de la ciudad; el pretorio sobre el puente de Alcántara en la zona del Alcazar y, por último, la Vega Baja. En la esquina izquierda fotografía aérea de la ciudad en el espacio que ocuparía la antigua sede episcopal sobre el espacio forense en el punto más alto de la ciudad.

de acuerdo con el monarca, obtuvo la potestad de nombrar y ordenar al resto de los obispos del reino[57].

Como era habitual en las sedes episcopales de la época, en la sede regia toledana el núcleo catedralicio se encontraba constituido por la iglesia episcopal – el principal centro de culto de la ciudad–, los edificios religiosos subordinados, como el baptisterio, y la *domus* o palacio episcopal. Aunque la ciudad era ya obispado desde principio del siglo IV, pues se sabe que un tal Melancio asistió y subscribió como obispo de Toledo las actas del concilio de *Eliberri*[58], las primeras referencias que parecen aludir al espacio episcopal es el citado concilio

---

[57] *Conc. Tol.* XII, 31, 29; J. Vives (1963): 407-408; L.A. García Moreno (1990): 229–249; R. Barroso y J. Morín (2007a): 129.

[58] *Conc. Elib.* 1, 1 (ed. J. Vives [1963]: 1).

de Toledo del año 400 reunido *in ecclesia Toleto*. Esta denominación aparentemente neutra hace referencia, sin embargo, a su carácter de iglesia principal *(ecclesia principalis)* de la ciudad en contraposición a las otras dos basílicas conciliares, la pretoriense de los Santos Apóstoles. Pedro y Pablo y la martirial de Santa Leocadia, situadas ambas en sus respectivos *suburbia* del barrio palatino y la Vega Baja respectivamente. Resulta evidente la intención de los padres conciliares de subrayar nominalmente ese aspecto, ya que es un título fundamental dentro de la jerarquía eclesiástica. Así, en adelante las alusiones a la catedral harán hincapié en subrayar ese carácter de iglesia "toledana" por antonomasia: *in ciuitate Toletana* (II Conc. Tol.), *in ciuitate regia Toletana* (III Conc. Tol.), *in Toletana urbe* (Conc. Tol. IX, X, XI, XIV). Precisamente la idea de jerarquización de espacios sagrados tendrá, como veremos más adelante, gran importancia de cara a una correcta ubicación del suburbio pretoriense dentro del entramado urbano de Toledo.

Por otro lado, gracias a la documentación conciliar del siglo VII –cuando Toledo se ha convertido ya en corte indiscutible de la monarquía goda–, se conoce la advocación de la iglesia catedral a Santa María Virgen, un título que era frecuente ya en época visigoda para otras sedes episcopales[59]. A este respecto resulta interesante la aparición en el siglo XVI de un epígrafe fechado en el año 587, durante el reinado de Recaredo, que conmemora la reconsagración *in catolico* de la basílica de Santa María *(ecclesia sanctae Mariae virginis)*. La inscripción viene siendo considerada como un testimonio más de la política de Recaredo de devolución de bienes incautados por Leovigildo a los católicos durante la guerra civil con Hermenegildo, siendo por tanto una consecuencia de la reunión del sínodo de obispos ordenada en ese año por el propio rey[60].

---

59 *In Toletanam urbem… in basilicam sanctae Mariae semper uirginis* (Conc. Tol. IX); *in Toletana urbe in beatae matris Domini Mariae uirginis sede…* (Conc. Tol. XI); *…in urbe Toletana in ecclesiae beatae Mariae…* (Conc. Tol. XIV). Puertas (1975): 29s no se pronuncia acerca de si la iglesia de Santa María a la que aluden las fuentes era, efectivamente, la catedral y se limita a señalar que el argumento de la dedicación no es concluyente. Pero las referencias ya comentadas de las reuniones conciliares en la iglesia de Santa María y las ilustraciones mozárabes parecen demostrar que la iglesia de Santa María era la sede titular: I. Velázquez y G. Ripoll (2000): 550; L.J. Balmaseda (2007a): 200s; J. Carrobles *et al.* (2007): 15-41.

60 +*In nomine D[omi]ni consecra/ta eclesia S[an]cte Marie/ in catolico die primo/idus aprilis anno feli/citer primo regni d[omi]ni/ nostri gloriosissimi Fl[auii] Reccaredi regis era/DCXXV*. José Vives, *Inscripciones cristianas de la España romana y visigoda*. (=ICERV) suppl. 302 (=Hübner, IHC 155); I. Velázquez y G. Ripoll (2000): 553; R. Barroso y J. Morín (2007a): 99; J. Santiago (2009): 318; I. Velázquez (2011): 261-280. Se ha supuesto también como posible que el "católico" se refiriera a la declaración dogmática del sínodo de 580: L.A. García Moreno (1983): 193-201. No obstante, contra esta lectura estaría la fecha del epígrafe toledano correspondiente al 13 de abril de 587, es decir, coincidiendo con la reunión episcopal

Inscripción de la reconsagración *in catholico* de la Iglesia de Santa María.

La autenticidad de este epígrafe ha sido puesta en duda en ocasiones, si bien en la actualidad la *communis opinio* la considera perfectamente legítima, siendo un testimonio más de esa entrega de bienes incautados a los católicos de la que informan la Crónica de Juan de Biclaro y la documentación conciliar. Tengamos en cuenta que la situación general se había enrarecido a raíz de la declaración dogmática de 580 en la que los arrianos pasaban a ser "católicos" y los católicos simplemente "romanos", así como por el nombramiento real de obispos, como sucedió en Mérida, o la apostasía de algún prelado, caso de Vicente de Zaragoza[61].

Nicho procedente de San Pedro Mártir con un crismón con las letras apocalípticas invertidas, habitual de los ambientes bautismales como los batipsterios.

Aparte de las escasas referencias epigráficas y literarias antes mencionadas, prácticamente no se conserva ninguna evidencia estructural ni material del antiguo complejo catedralicio de época visigoda, ni tampoco de sus precedentes catastrales. Presumiblemente se considera que se hallaba bajo la fábrica de la actual catedral gótica, donde antiguamente se erigió la mezquita aljama[62]. Eso

---

de Recaredo y en el aniversario del martirio de Hermenegildo: R. Barroso y J. Morín (2004): 45s.

61 Ioh. Bicl. a. 587, 7: *Reccaredus rex aliena a praecessoribus directa et fisco sociata placabiliter restituit. ecclesiarum et Monesteriorum conditor et ditator efficitur* (ed. J. Campos [1960]: 96). Una inscripción emeritense dedicada a Santa Eulalia informa también de la devolución de la *domus* de la mártir al culto católico: D. Rico (2009): 11. Es dudoso que el canon 9 del III Conc. Tol. pueda interpretarse en tal sentido: J. Vives (1963): 127. Más contundente es la documentación del concilio de Zaragoza: F.M. Beltrán (1990): 41-48.

62 E. Carrero (2009): 315–328.

Reconstrucción del episcopio de Egitania. Idanha-a-Velha (Portugal). Proyecto Idave.

parece deducirse no sólo de la tradicional superposición de espacios sagrados, sino también de una noticia transmitida por el *Muqtabis* de Ibn Hayyan que da fe de que todavía en el año 871 existía una iglesia adjunta a la mezquita[63]. Una prospección arqueológica realizada en los años 80 parece confirmar la existencia de una estructura de planta de cruz griega, con la cabecera situada en el tramo inmediato al llamado «pilar de la Descensión», si bien esto de por sí no prueba que se trate de la antigua catedral visigoda[64]. Tampoco las recientes excavaciones realizadas en el claustro de la catedral han aportado nuevos datos arqueológicos sobre esta controvertida cuestión, de manera que, a ciencia cierta, los únicos elementos que podrían apoyar esta hipótesis es el conjunto de piezas de escultura decorativa reutilizado en los muros del cercano callejón de San Ginés[65].

---

63 R. Barroso y J. Morín (2007a): 104.

64 G.K. von Konradsheim (1980): 95-99.

65 P. de Palol (1968): 48; R. Barroso *et al.* (2007): 130-133; 309-313; M. Almagro-Gorbea (2011).

Poco más se sabe del grupo catedralicio excepto que el conjunto incluiría con seguridad también una *domus episcopalis*, de la que no conocemos nada, así como un complejo bautismal, probablemente dedicado a San Juan Bautista, tal como es usual en la tradición cristiana, al que pertenecería la placa-nicho decorada con letras apocalípticas invertidas –inversión simbólica generalmente asociada a ámbitos bautismales y funerarios– y algunos materiales constructivos más hallados en el transcurso de las excavaciones del vecino convento de San Pedro Mártir[66].

En líneas generales, la topografía de los *episcopia* durante la Antigüedad tardía estuvo razonablemente sujeta no sólo a las particularidades topográficas, sino también a toda suerte de condicionamientos sociales, políticos y económicos intrínsecos de cada ciudad y existentes en el momento de proyectar el conjunto cristiano[67]. Una de las dinámicas definidas en este momento es la aparición de la iglesia episcopal en una zona periférica próxima a la muralla (*Egitania*, *Barcino*), lo que probablemente parece indicar que de alguna forma los espacios públicos altoimperiales, céntricos y bien posicionados, continuaban vigentes, aunque tan sólo fuera en el imaginario colectivo de sus habitantes[68]. Esta localización se ha utilizado como argumento para defender la relativa antigüedad (es decir, entre el siglo IV e inicios del V) de este tipo de episcopios con relación a otros de cronología más avanzada que presentan la ubicación del grupo episcopal en el centro monumental altoimperial, lo que sugiere un momento en el que el foro y sus espacios aledaños habrían comenzado ya un proceso de abandono o al menos habrían perdido completamente su función original. Esto no quiere decir en absoluto que la ubicación del conjunto cristiano en el foro se explique únicamente a partir del abandono de las estructuras forenses y del momento en que este abandono se produce, sino que, por norma general, existe una circunstancia concreta desencadenante de dicha dinámica, más allá del momento en el que el centro monumental altoimperial fuera objeto de abandono.

A pesar de esta escasez de datos referidos al espacio y estructura del grupo episcopal de *Toletum*, según la información recabada sobre la topografía urba-

---

66 R. Barroso y J. Morín (1995): 199-223; *Iid.* (2007a): 107.
67 J.M. Gurt e I. Sánchez (2011): 273-298.
68 Para *Barcino*: J. Beltrán (2010): 31-49; Para *Egitania*: I. Sánchez y J. Morín (2014).

na de la *sedes regia*, podemos concluir que este conjunto, al igual que sucede con los de *Emerita, Valentia, Egitania*, etc., debió seguir la última dinámica señalada, de modo que el conjunto cristiano se insertaría en las inmediaciones de los antiguos espacios forenses ocupando siempre un lugar preeminente dentro de la trama urbana[69].

Sin embargo, más allá de la excepcionalidad señalada por la investigación en cuanto al desplazamiento interno de los *episcopia* en la topografía urbana de una misma ciudad[70], no habría que destimar esta posibilidad en Toledo provocada por las circunstancias históricas. Este planteamiento implica admitir que la comunidad católica hubo de reunirse en otro lugar con anterioridad a 587 (inscripción con la reconsagración *in catolico* de la basílica de Santa María) y a la celebración del III concilio en 589 y, por consiguiente, que hubo de producirse necesariamente un traslado del espacio episcopal a otro lugar durante el siglo VI, probablemente durante el reinado de Leovigildo. Ello supondría que, al menos de forma transitoria, el espacio episcopal católico debió situarse en un espacio urbano distinto y todavía controlado por la comunidad católica. El lugar más idóneo para ello sería sin duda la basílica de Santa Leocadia, ubicada en el suburbio extramuros, que curiosamente acogió en la primera mitad del siglo VII la celebración de varios concilios tal como correspondería al grupo episcopal.

La dualidad circunstancial de dos conjuntos episcopales correspondientes a ambas confesiones ya era de sobra conocida en otras ciudades, siendo Rávena el exponente monumental por excelencia de esta realidad, pero recientemente para el caso hispano, se ha propuesto que *Barcino*, sede regia en varias ocasiones en los siglos V y VI, participaría de una dinámica análoga; pensemos también que las mismas fuentes escritas citan a los obispos arrianos Ugnas y Sigisario[71]. La documentación en la iglesia de los santos Justos y Pastor de un segundo baptisterio fechado en el siglo VI es el principal indicio de esta hipótesis, según la cual hubo una convivencia entre la población local católica y los gobernantes arrianos que pudieron ocupar el grupo episcopal de la actual

---

69 *Emerita Augusta*: J.L. Ramírez y P. Mateos (2000): 13-14, 227-228; *Valentia*: A.V. Ribera y M. Rosselló (2000): 165-185; *Tarraco*: Bosch et al. (2005): 170.

70 G. Cantino y J. Guyon (2007): 285-328.

71 J. Beltrán (2013): 16-118.

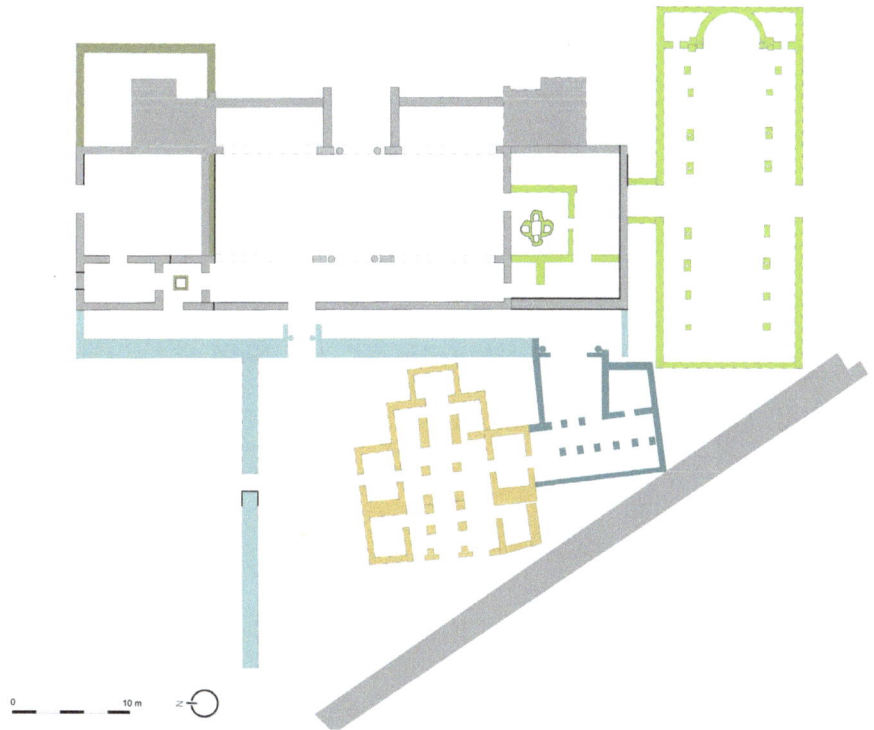

Propuesta de reconstrucción del episcopio de Egitania. Idanha-a-Velha (Portugal). A la izquierda, el baptisterio más antiguo, y a la derecha, el nuevo baptisterio que se inserta en los procesos de monumentalización que se producen el siglo VI. Proyecto Idave.

plaza del Rei, y desplazar al obispo católico a la iglesia de los santos Justo y Pastor hasta el III Concilio de Toledo[72].

Siendo el de *Barcino* el caso mejor estudiado, no parece ser el único. Normalmente la documentación de dos bapstierios en una misma ciudad se ha atribuido a usos distintos que no suelen coincidir en el tiempo, como sucede en *Egitania* y *Egara*[73]. Sin embargo, la evidencia material muestra lo limitado de esta interpretación y la existencia de una realidad mucho más compleja. En ciertos casos habría que replantearse, por tanto, la posibilidad de su contemporáneidad al tiempo que suavizar su excepcionalidad, ya que a *Barcino* se suma *Myrtilis* (Mértola) donde recientes excavaciones han revelado, a menos

---

72 J. Beltrán (2013): 26.

73 Mª G. García *et al.* (2009): 106; I. Sánchez y J. Morín (2014): 53.

de 50 metros de la piscina bautismal ya conocida, un baptisterio octogonal de magnífica factura constructiva y notable calidad decorativa que podría reflejar la existencia de otro culto consolidado además del católico[74], o simplemente la consolidación efectiva del obispado de *Pax Iulia* (Beja) en *Myrtilis*.

El núcleo palatino: el palatium de los reyes visigodos y la iglesia pretoriense de los Santos Apóstoles Pedro y Pablo

La existencia de un cinturón de murallas era precisamente el elemento que mejor definía a una ciudad frente a otras agrupaciones poblacionales, siendo de hecho el signo distintivo del estatus municipal. Estas murallas cumplían usos harto variables, unas veces de tipo meramente práctico, en relación lógicamente con la defensa del recinto urbano, pero lo más habitual es que tuvieran una función de tipo simbólico, como manifestación del estatus económico de sus élites y del rango o bien en relación con la tutela simbólica ejercida por sus santos patronos. La *Crónica mozárabe de 754* informa de una restauración de las murallas de *Toletum* efectuada por el rey Wamba, quien ordenó colocar esculturas dedicadas a los santos y mártires en las torres de las puertas de la ciudad[75]. La idea que inspira la descripción del cronista mozárabe era la imagen usual en las grandes ciudades del imperio de época tardía: un recinto amurallado circunvalado por torres y puertas monumentales.

Eso mismo parecen sugerir también algunas miniaturas mozárabes (*Codex Vigilanus*, fol. 142r; *Codex Aemilianensis*, fol. 129v) y, posiblemente, unos versos de Venancio Fortunato en los que alude a las dos torres gemelas (las dos hijas

---

[74] V. Lopes y C. Torres (2013).

[75] *Chron. Muz.* 29: *Huius temporibus in era DCCXII... Uuamba... ciuitatem Toleti mire et eleganti labore renobat, quem et opere sculptorio uersiuicando pertitulans hoc in portarum epigrammata stilo ferreo in nitida lucidaque marmora patrat:/UR. Erexit fa<u>ctore Deo rex inclitus urbem,/UR. Uuamba sue celebrem p<r>otendens gentis honorem./In memoriis quoque martirum, quas super easdem portarum turriculas titulauit, hec similiter exarauit:/UR. Uos, sancti domini, quorum hic presentia fulget,/UR. Hanc urbem et plebem solito saluate fabore.* (ed. J. Gil [1973]: 26s); C. Martin (2003): 220; R. Barroso y J. Morín (2008): 110s.

de Atanagildo) que España envió a la Galia[76]. Por otro lado, las ilustraciones mozárabes evidencian la estrecha relación entre los dos núcleos principales de la ciudad con sus correspondientes iglesias y puertas, que aparecen representados simbólicamente asociados entre sí: una iglesia de Santa María Virgen relacionada con la puerta de la ciudad (*ianua urbis*) y otra basílica de los Santos Apóstoles Pedro y Pablo puesta en conexión con la puerta de la muralla (*ianua muri*)[77].

Dentro del espacio palatino se hallaba la basílica de los Santos Apóstoles Pedro y Pablo, de ahí que aparezca denominada en las fuentes como iglesia pretoriense. La advocación de la iglesia a los *apostoles magni* resulta altamente significativa. El título parece mostrar, por un lado, la influencia del pasado imperial, como reflejo de las basílicas constantinianas de los Santos Apóstoles de Constantinopla y de San Pedro de Roma, pero al mismo tiempo un evidente deseo de diferenciarse de ellas. Como ha subrayado con gran acierto C. Martin, el patrocinio de los *apostoles magni* parece indicar la intención de los monarcas godos por desligarse de la soberanía imperial en un doble sentido: si la mención a San Pedro es un reconocimiento explícito de la ortodoxia católica (la fe nicena era para los godos la *romana religio*), la dedicación conjunta a San Pablo, apóstol de las gentes, debe entenderse como una clara alusión a la independencia política de la *gens Gothorum* sobre el imperio[78].

Esta importante basílica aparece citada siempre en relación con el pretorio visigodo o el ceremonial regio (HW 3-4), actuando de hecho como una auténtica iglesia palatina. Sin embargo, el principal problema para su identificación espacial ha sido que las actas conciliares sitúan la iglesia pretoriense *apud urbem regiam... in suburbio Toletano...* (XII Conc. Tol.) o *apud urbem Toletanam* (XV

---

[76] Ven. Fort. *Carm.* VI 5 13-14: *Toletus geminas misit tibi, Gallia, turres:/prima stante quidem fracta secunda iacet* (ed. F. Leo, [1881]: 138). La imagen se inspira en el contexto de la despedida de Gelesvinta de la corte visigoda desde el puente sobre el Tajo: Ven. Fort. *Carm.* VI 5 13s (ed. F. Leo [1881]: 136). Esta puerta sobre el Tajo sería, hasta la monumentalización de la puerta de la Bisagra en plena Edad Media, el principal escenario de representación y aparato de la ciudad, el espacio desde donde se recibían y desde donde partían las embajadas, así como el sitio donde tendría lugar la reunión del ejército en su marcha hacia la batalla: R. Barroso *et al.* (2011): 29s.

[77] R. E. Reynolds (1989): 153-184; L.J. Balmaseda (2007): 205s. Véase también I. Velázquez y G. Ripoll (2000): 558-563; C. Martin (2003): 216s, e I. Velázquez (2005): 218-220. Para todo este apartado nos remitimos a P. de Palol (1991): 787–832, y a nuestros anteriores trabajos: R. Barroso y J. Morín (2008b); *Ibid.* (2009); R. Barroso *et al.* (2011): 1-69, así como la bibliografía allí citada.

[78] C. Martin (2003): 234-236.

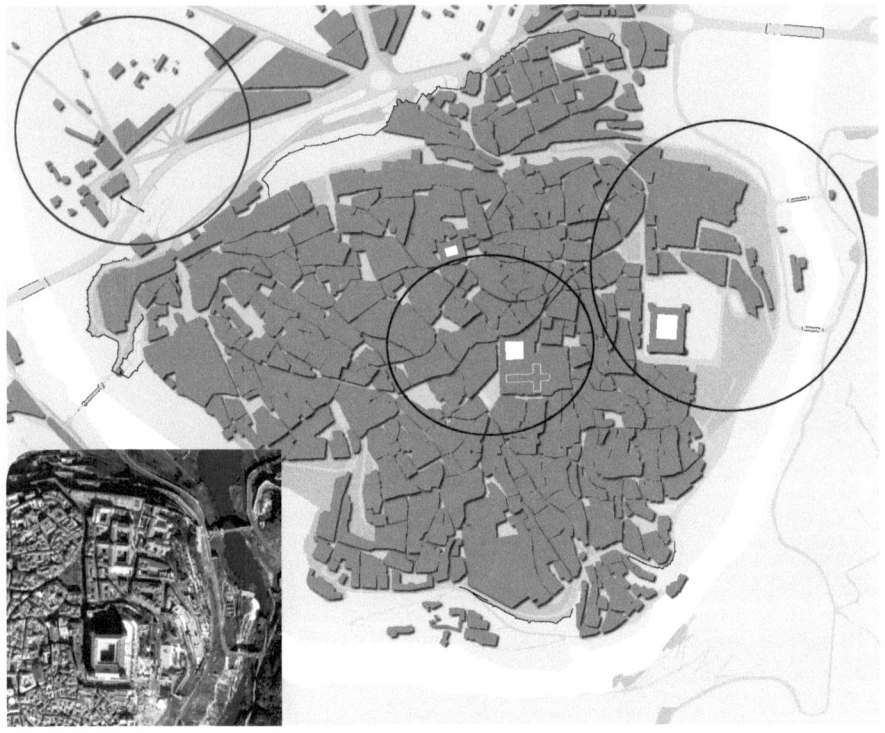

Topografía de Toledo con el conjunto episcopal en el centro de la ciudad; el pretorio sobre el puente de Alcántara en la zona del Alcazar y la Vega Baja. En la esquina izquierda fotografía aérea de la ciudad en el espacio que ocuparía el pretorio visigodo.

Conc. Tol.). Al mismo tiempo, las actas de los Concilios VI y XVII mencionan que la iglesia martirial de Santa Leocadia se encontraba ubicada *in praetorio Toletano*. Dada la noticia recogida en estos concilios y la tradicional asociación topográfica y simbólica basílica-circo, una parte de la investigación reciente ha llegado a proponer que el área palatina se localizaba extramuros de la ciudad, en el suburbio noroccidental, formando parte de un conjunto establecido en conexión con el antiguo circo romano y siguiendo el modelo urbano y áulico adoptado en otras *sedes regiae* de la época (Constantinopla, Rávena, Soissons, etc.)[79].

---
[79] E. Ewig (1963): 25-72; P. de Palol (1991): 797; I. Velázquez y G. Ripoll (2000): 558-563; R. Teja (2002): 113-122; L. Olmo (2007): 161-180; *Id.* (2008): 49.

Codex Vigilanus, fol. 142 r. La imagen de la miniatura mozárabe nos muestra Toledo con los dos núcleos principales. El espacio catedralicio y el palatino, así como sus dos iglesias.

Esta hipótesis, no obstante, plantea más interrogantes que los que aclara. En primer lugar, no existe constancia del uso del circo en época visigoda, ni arqueológica ni documental, y en realidad todo parece apuntar a que se hallaba abandonado y expoliado largo tiempo atrás[80]. El silencio de la arqueología ya es de por sí significativo, pero aún lo es más que ni en los relatos de la unción y el triunfo de Wamba narrados por San Julián (HWR 4 y 30) ni la ceremonia de partida de la hueste real, noticias bastante minuciosas para lo que es usual en las fuentes de la época, hacen alusión alguna al circo como uno de los escenarios urbanos de poder. Tampoco aparece registrado en la *Crónica mozárabe de 754*, donde por el contrario sí volvemos a tener referencias de los centros más destacados del entramado urbano[81].

---

80 P. de Palol (1991): 799; J.M. Gurt y P. Diarte (2012): 150-152.

81 *Chron. Muz*. 14 (basílica de Santa Leocadia); 21 y 34 (iglesia pretoriense de los Santos Pedro y Pablo); 30 (iglesia de Santa María Virgen); 26 (puertas); 39 (palacio) (ed. J. Gil, (1973): 20, 24, 27s y 30).

En este sentido, resulta significativo que las fuentes literarias definan a la iglesia catedral como la iglesia "de la ciudad de Toledo" *(in ciuitate Toletana; in Toletana urbe)* o simplemente "iglesia de Toledo" *(ecclesia Toleto)*, en contraposición a las otras basílicas conciliares, que aparece designadas como pretorienses o suburbiales. En cierto modo, dichos apelativos son un reflejo de la dualidad de los centros de poder que define a la ciudad de Toledo durante el periodo visigodo, con un núcleo pretoriense centrado en el conjunto *palatium*-basílica de los Santos Apóstoles y otro eclesial vinculado al grupo episcopal. Ambos testimonios, literarios y gráficos, parecen corroborar, pues, la idea de una ciudad topográficamente dividida en dos sectores diferenciados, siguiendo el modelo tardorromano de ciudad campamental: uno, la ciudad propiamente dicha, con su iglesia catedral como hito visual y simbólico, y un segundo sector constituido por la ciudadela o pretorio donde se ubicaba el conjunto palatino y la iglesia pretoriense[82].

De este modo, la insistencia de los textos en el carácter suburbial de la basílica de los Santos Apóstoles debe entenderse simplemente en el sentido de un espacio separado de la ciudad propiamente dicha. Y esta afirmación se comprende mejor si consideramos al espacio del pretorio, con su iglesia palatina correspondiente, como el interior de una ciudadela amurallada. De esta forma, la mención del XII Concilio puede compararse a los *suburbia* que Juan de Biclara cita para la fundación regia de Recópolis y que puede referirse a los barrios extramuros de la ciudad, pero sobre todo, como las investigaciones arqueológicas efectuadas en este yacimiento han venido a corroborar, al considerado conjunto palatino, un espacio que se hallaba separado físicamente de la ciudad y comunicado con ella mediante una entrada monumental[83]. La aparición alrededor de este espacio de importantes ejemplares de escultura decorativa, elementos constructivos y varias piezas litúrgicas de enorme calidad artística, es un argumento más en favor de la ubicación de la basílica pretoriense en la parte alta de la ciudad[84].

---

82 R. Barroso *et al.* (2009): 182-184; *Ibid.* (2011): 30-31.

83 Ioh. Bicl. a. 578: *Liuuigildus rex extinctis indique tyrannis, et pervasoribus Hispaniae superatis sortitus requiem propriam cum plebe resedit civitatem in Celtiberia ex nomine filii condidit, quae Recopolis nuncupatur: quam miro opere et in moenibus et suburbanis adornans privilegia populo novae urbis instituit* (ed. Julio Campos [1960]: 88). Para Recópolis nos remitimos a los trabajos de L. Olmo *et al.* 2008 y J. Arce, 2011: 213-232. También el conjunto palatino creado por Alfonso II para su corte en Oviedo, que recrea la *ciuitas regia* visigoda, se hallaba separado del resto de la ciudad por un muro: R. Barroso *et al.* (2011): 32.

84 R. Barroso y J. Morín (2007a): 95-161.

Por otro lado, y como acertadamente señaló en su día P. de Palol, hay que situar la cita del XII Concilio en el contexto de la supresión del obispado que Wamba había creado *ex profeso* para el pretorio. En otras palabras, en el ánimo de los obispos estaba subrayar la total subordinación de la basílica pretoriense al obispado de la ciudad y por esta razón se incide en su carácter suburbial[85]. Desde esta óptica lo que los padres conciliares trataron de expresar era la subordinación de esta entidad urbana, el pretorio, dentro de una realidad superior, la *regia urbs*. O, por decirlo de otro modo, que la ciudad palatina no es más que un barrio de la urbe toledana y no una ciudad con entidad jurídica propia, de ahí la manifiesta ilegalidad e ilegitimidad del nuevo obispado creado por Wamba pues no podían coexistir dos sedes episcopales católicas en una misma ciudad. Por esta razón Palol, siguiendo la opinión de M. Férotin, se había mostrado cauto en cuanto a la ubicación de la iglesia de los Santos Apóstoles en la Vega Baja a pesar de los descubrimientos realizados en las intervenciones arqueológicas allí practicadas dirigidas por él mismo, aduciendo para ello ese argumento y el hecho de que en la misma Roma fueran también denominadas suburbiales iglesias que, como es el caso de San Juan de Letrán, sabemos se encontraban situadas intramuros de la ciudad[86].

Si consideramos lo dicho hasta el momento, no resulta difícil explicar la no inclusión de Santa Leocadia en las ilustraciones mozárabes de Toledo, por cuanto éstas se limitan a plasmar la realidad de la urbe propiamente dicha, es decir, el área intramuros, con los dos espacios que la componen (la ciudad y la ciudadela) y sus respectivas puertas e iglesias de referencia para cada uno de estos espacios: *ianua urbis/ecclesia sanctae Mariae* referida a la ciudad propiamente dicha, y *ianua muri/ecclesia praetoriensi Petri et Pauli* correspondiente al conjunto palatino y en relación con el puente sobre el Tajo. De este modo, la peculiar denominación árabe para la alcazaba (*al-Hizam*, "el ceñidor") habría de entenderse simplemente como la traducción literal del término *"murus"* (la muralla por antonomasia) con el que debía ser conocido el antiguo *castellum* tardorromano y posterior pretorio visigodo[87].

---

85 P. de Palol (1991): 790; R. Barroso *et al.* (2011): 28.

86 M. Férotin (1904), reed. A. Ward y C. Johnson (1996): 156; P. de Palol (1991): 790.

87 En el mismo sentido se había pronunciado antes L.J. Balmaseda (2007b): 205. En contra: I.Velázquez y G. Ripoll (2000): 558-563; I. Velázquez (2005): 218-220. Reynolds había observado que la dualidad de puertas reflejada por el iluminador mozárabe se corresponde con la distinción que hace Isidoro de Sevilla

Recópolis. Reconstrucción del espacio de poder en la acrópolis de la ciudad que se encuentra aislada de la misma y cuenta con un acceso propio. Parque Arqueológico de Recópolis.

La tradición apunta también en esa misma dirección, ya que hay indicios que permiten afirmar que la basílica de los Santos Apóstoles Pedro y Pablo fuera la misma iglesia de Santa María del Alficén citada en la documentación medieval. Así, se sabe que la iglesia de Santa María del Alficén heredó el rango de sede catedralicia entre la población mozárabe y que, como indica su nombre, se hallaba en el recinto interior de la alcazaba árabe, próxima al monasterio de San Pedro del Alhicem recogido por otras fuentes medievales y que Fita identificó con el monasterio de San Pedro de las Dueñas, bajo el actual Hospital de la Santa Cruz. Resulta en verdad extraño que la iglesia principal de los mozárabes toledanos se hallara en el Alficén o alcazaba, ya que según la ley coránica, y salvo rarísimas excepciones, los *dhimmíes* no podían levantar nuevos templos ni engrandecerlos, lo que prueba que la iglesia estaba construida ya antes de que la ciudad capitulara a manos de los árabes. Esta noticia coincide por lo demás con el hecho de que las fuentes documentales insisten en que la iglesia siempre estuvo en manos cristianas *(que nunquam titulum christianitatis perdidit)*. Resulta significativo también que la documentación medieval informe sobre la pertenencia de Santa María del Alficén al patronato regio después de la conquista de Alfonso hasta su cesión a los monjes de San Víctor. De ser cierta esta hipótesis se explicaría bien el importante lote de ocho capiteles visigodos reutilizados en el patio del Hospital de la Santa Cruz sin necesidad de recurrir al acarreo de estas piezas desde otro lugar[88].

La descripción que traslucen las fuentes literarias quedaría corroborada por varios datos proporcionados por diversas investigaciones arqueológicas y, en concreto, por la difusión espacial de los elementos arquitectónicos y de escultura decorativa dentro de la ciudad. En efecto, en esta zona de la ciudad se han localizado elementos tan significativos como un tenante de altar decorado con cruz, una placa-nicho avenerada de extraordinaria factura, varios relieves con tondos gallonados y estrellas pertenecientes probablemente a una construcción de tipo áulico, un cancel con la imagen simbólica del evangelista San Lucas (que lógicamente formaría parte de un grupo de cuatro canceles), una placa-nicho avenerada decorada con tema de templete, etc. Esta colección

---

entre *porta urbis* y *porta castrorum* (R.E. Reynolds (1989): 153-184; Isid. Hisp. *Etym.* XV 2 22: *Porta dicitur qua potest uel inportari uel exportari aliquid. Proprie autem porta aut urbis aut castrorum uocatur…* (ed. J. Oroz – M. A. Marcos [2004]: 1062).

88 F. Fita (1909): 105-107; L.J. Balmaseda (2007b): 206; R. Barroso y J. Morín (2008): 764-766.

de escultura decorativa sugiere la existencia en esta parte de la ciudad de un importante conjunto constructivo integrado por edificios de tipo áulico y religioso.

La aparición de este conjunto en este punto concreto de la ciudad parece avalar, pues, una estructura urbana del Toledo visigodo como un recinto amurallado asentado sobre el peñón que debía incluir a su vez una ciudadela fortificada en torno al espacio Alcázar-Hospital de la Santa Cruz-Convento de Santa Fe. La constitución urbana de *Toletum* como una ciudad-fuerte habría que relacionarla tanto con el destacado papel desempeñado por la ciudad en el traslado hacia la Galia de los impuestos durante la época bajoimperial —carácter reafirmado posteriormente al asumir la capitalidad del *regnum Gothorum*–, como con su papel estratégico de vado del Tajo y paso obligado hacia las tierras del norte de la meseta. Precisamente la ciudadela o *pretorium* se dispondría en la parte alta de la ciudad ya en época romana, siempre en relación con el control del puente sobre el Tajo, siendo esta organización de la trama urbana la que perduraría con posterioridad en época visigoda e islámica [89].

Así, pues, y resumiendo lo dicho hasta aquí, la configuración del área palatina de *Toletum* estaría muy próxima a esquemas urbanos tardoantiguos bien conocidos arqueológicamente, tales como *Justiniana Prima* (Caričin Grad) o Recópolis, en los que los que los principales espacios de poder se encuentran bien delimitados (o fortificados) y aislados, pero ubicados dentro de la propia ciudad [90].

---

[89] R. Barroso y J. Morín (2007a): 108-113; F. Valdés (2007): 165-206.

[90] N. Duval y V. Popović (2010). Para Recópolis: L. Olmo (2007): 161-180; *Ibid*. (2008): 49; J. Arce (2011): 213-232.

El ámbito martirial: la basílica de Santa Leocadia

Desde finales del siglo VI toda la zona suburbana situada al oeste del antiguo circo romano se vio afectada por una amplia remodelación urbanística. Dicha actuación fue consecuencia de la revalorización de un pequeño culto local destinado a perpetuar la memoria de la virgen y *confessor* Leocadia[91]. Diversas actuaciones arqueológicas evidencian que alrededor del lugar donde se profesaba culto a la mártir local se expandió, a lo largo de los siglos V-VII, un nuevo espacio funerario. En el siglo IX, Eulogio de Córdoba informa que el rey Sisebuto (612-620) había ordenado construir la basílica martirial de Santa Leocadia en el año 618[92]. Pero sin duda resulta difícil pensar que no existiera monumento alguno que recordara a Santa Leocadia antes de esa fecha, dado el carácter funerario de este espacio y la fama que habría de alcanzar posteriormente la santa. Resulta, pues, muy probable que el monarca sólo acometiera la remodelación y monumentalización de una antigua *cella memoriae* o *martyrium* para hacerlo más acorde con la importancia que había adquirido su culto en Toledo y en atención a su papel como patrona de la *regia sedes*.

Si reparamos en la interpretación que se ha hecho anteriormente del epígrafe de reconsagración de la iglesia de Santa María, no parece improbable, incluso, que la basílica martirial hubiera desempeñado durante un tiempo el papel de cátedra episcopal mientras la iglesia de Santa María se encontraba en poder de los arrianos. Dos razones nos inclinan a ello: en primer lugar, la basílica martirial fue el principal lugar de reunión de los concilios durante la primera mitad del siglo VII; en segundo, su situación extramuros de la ciudad, que en un momento de inestabilidad y abierto enfrentamiento entre católicos y arrianos le habría beneficiado en relación con otras iglesias del interior de la ciudad.

En cualquier caso, sea como fuere, diversas fuentes resaltan la función de esta basílica como sede de reunión de varios concilios, así como su marcado carácter funerario de prestigio al acoger las sepulturas de varios monarcas y obispos[93]. Otros textos confirman, además, que dicha basílica se encontraba

---

91 J.M. Rojas y A.J. Gómez (2009): 45-89.

92 Eulog. Cord. *Apol.* 16: *…currente Aera DCLVI… Toleto quoque beatae Leocadiae aula miro iubente preadicto principe [s.c. Sisebutus] culmine alto extenditur…* (ed. J Gil, 1973: 483s).

93 P. Puertas (1975): 30; I. Velázquez y G. Ripoll (2000): 557.

ubicada *in praetorio Toletano* (VI Conc. Tol. a. 638), afirmación que, como ya se ha adelantado, ha dado pie a pensar que el pretorio o palacio de los reyes visigodos se hallaba en la Vega Baja, o *in suburbio Toletano* (XVII Conc. Tol. a. 694).

La tradición identifica esta basílica con el lugar que hoy ocupa la ermita del Cristo de la Vega. Cercana a ella y alineada con respecto al circo romano, se documentó en la década de los años 70 del pasado siglo una potente fábrica considerada perteneciente a un edificio de carácter áulico[94]. A raíz de la aparición de los restos de esta construcción monumental se ha supuesto la ubicación de un primer edificio martirial dedicado a Santa Leocadia, posiblemente sustituido e incluso desmontado con posterioridad por la iglesia palatina *apud urbem toletanam*, restaurada por Sisebuto en 618. Las estructuras documentadas en la excavación de Palol no pudieron ser fechadas con precisión, pero si consideramos la tipología de la planta del propio edificio –que emplea un significativo sistema de contrafuertes usual en los *martyria*–, la reutilización de material romano expoliado procedente del circo y la superposición sobre la misma de una densa necrópolis mozárabe, podemos concluir que el monumento primitivo sería cronológicamente anterior a la decoración y epigrafía tardoantiguas recuperadas en el entorno del Cristo de la Vega. Este material debería adscribirse sin problemas a la iglesia-monasterio de época visigoda[95].

Igualmente, resulta significativo que de los cuatro sínodos de los que con seguridad tenemos noticia que se reunieron en Santa Leocadia (IV, V, VI, VII? y XVII) tan sólo en una ocasión (VI Concilio) se cite su emplazamiento *in praetorio Toletano*. En el mismo sentido, habría que entender la sustitución como sede conciliar de esta iglesia por la de Santa María y la basílica de los Santos Pedro y Pablo a partir de mediados de la VII centuria, sustitución que debe interpretarse como un traslado de los espacios de poder desde el antiguo conjunto suburbial hacia la parte alta de la ciudad dentro de un contexto general de crisis social y política y como manifestación del intento de reforzamiento de la autoridad regia sobre el elemento eclesiástico[96].

---

[94] P. de Palol (1991)787-832.

[95] R. Barroso y J. Morín (2007a): 95-161.

[96] I. Velázquez (1999): 115s, interpreta la sustitución como consecuencia de la reforma legislativa ordenada por Recesvinto. Sobre esta cuestión, véase R. Barroso *et al.* (2011): 40.

Topografía de Toledo con el conjunto episcopal en el centro de la ciudad; el pretorio sobre el puente de Alcántara en la zona del Alcazar y la Vega Baja. En la esquina izquierda fotografía aérea de la ciudad en el espacio que ocuparía el ámbito martirial de Santa Leocadia.

A nuestro juicio resulta factible que la construcción monumental excavada en la Vega Baja fuera el *martyrium* de Santa Leocadia, tal como propuso en su día L. Balmaseda, pues su estructura parece sugerir una planta tipo *martyrium* al estilo de San Antolín de Palencia o La Alberca, de manera que sirviera como modelo de lo que posteriormente será la cripta de Santa Leocadia en Oviedo[97]. Por consiguiente, el pretendido carácter pretoriense señalado por las actas conciliares podría indicar no tanto su localización en el área palatina, como a su estatus y funcionalidad, al haber servido como panteón regio y episcopal. Esto coincide por lo demás con la tradición unánime que hizo del Cristo de la Vega la heredera de la antigua basílica martirial, dada su proximidad al conjunto excavado por Palol, al tiempo que explicaría también el hecho de que los

---

[97] L.J. Balmaseda (2007b): 203, n. 30; R. Barroso *et al.* (2011): 38.

Arriba, restos excavados por Pedro de Palol que pueden interpretarse como parte de la cripta de Santa Leocadia (según Palol). Abajo, Cámara Santa de la Catedral de Oviedo, donde se aprecian los contrafuertes exteriores.

restos más importantes correspondientes al mobiliario litúrgico (Credo epigráfico, Crismón gemado) se encuentren en sus cercanías[98].

En otra ocasión supusimos que la asociación del *martyrium* con el hipódromo habría servido para dotar a este edificio de una fachada monumental siguiendo el modelo desarrollado por los conjuntos imperiales de otras ciudades. Sin embargo, la reciente publicación de los trabajos arqueológicos desarrollados en la década de los 70 en este entorno descarta por completo ese extremo, ya que existe una cierta distancia entre una y otra edificación[99]. No obstante, nos sigue pareciendo una hipótesis plausible que su ubicación junto al hipódromo obedezca al deseo de ensalzar el carácter martirial de la santa, dada la relación que, tanto en el plano histórico como legendario, existió entre circo y persecuciones.

De llegar a confirmarse todos los argumentos aquí mencionados, el conjunto de Santa Leocadia de *Toletum* se sumaría a otros ejemplos peninsulares del siglo VI bien documentados, cuyos suburbios se monumentalizaron a partir de complejos de carácter martirial. Junto al grupo episcopal intramuros, estas edificaciones sacras y áulicas focalizarían la actividad urbana de las capitales de la Hispania tardoantigua. Por lógica, el conjunto de Santa Leocadia de Toledo sería uno de los de mayor prestigio de toda Hispania, teniendo en cuenta la condición de *sedes regia* de la ciudad, y ese prestigio se trasluce también en el hecho de que su erección fuera considerada un importante hito histórico en diversas fuentes postvisigodas como la *Crónica Mozárabe de 754*, la *Crónica Albeldense* y, llevando el origen del templo a tiempos de Diocleciano (momento de la persecución), en la llamada *Crónica del Moro Rasis* y en la *PseudoIsidoriana*[100].

---

98 M. Jorge (1957): 307-313; R. Barroso *et al.* (2011): 34-39.

99 J.M. Gurt y P. Diarte (2012): 155.

100 *Chron. Muzar.* 14 (ed. J. Gil [1973]: 20); *Chron. Alb.* XIII 64; XIV 24 (ed. J. Gil *et al.* [1985]: 96s, 165 y 169); *Crónica Rasis*, XCV (ed. D. Catalán – Mª. S. de Andrés [1975]: 191); *Crónica Pseudo-Isidoriana*, 7 (ed. Th. Mommsen [1894]: 382).

La ciudad residencial: los palacios suburbanos

El sector que se extendía al este del antiguo circo alcanzó un gran desarrollo urbano también durante la Antigüedad tardía como se deduce de la complejidad de los ejes viarios existentes y de una ocupación más o menos intensa de carácter doméstico y/o productivo. De hecho, el suburbio noroccidental de la ciudad continuó con la mecánica de espacio de ocio para las elites urbanas. Incluso se ha propuesto relacionar la significativa transformación de este sector –definida por una implantación urbanística monumental y jerarquizada, que integraba espacios de carácter residencial, comercial y artesanal– con la consolidación del reino visigodo durante la segunda mitad del siglo VI y a lo largo de la séptima centuria[101]. Hasta tal punto es así que algunas de las construcciones constatadas recientemente, que son extensas propiedades con su propio recinto o cercado, han sido interpretadas como el pretendido *palatium* de los reyes visigodos[102]. En este sentido, remitimos a la hipótesis planteada más arriba que, por el contrario, defiende ubicar el palacio de la monarquía visigoda y los nuevos espacios de poder en la parte alta intramuros –prácticamente desconocida por la arqueología, pero donde estarían los complejos públicos de la ciudad altoimperial–, quizá siguiendo el mismo esquema espacial que se ha podido reconocer en otras ciudades como *Barcino;* es decir, en proximidad a otros conjuntos urbanos representativos y vinculados a las élites eclesiásticas[103].

Las excavaciones realizadas en los últimos años en la Vega Baja han permitido definir varios espacios de representación que tienen claros paralelos con las construcciones localizadas en diferentes zonas peninsulares[104], que en *Toletum* debe entenderse como la continuidad de una ocupación residencial privilegiada o aristocrática ahora relacionada con la presencia de las élites tardoantiguas (altos funcionarios) de la *sedes regia*. Una buena muestra de ello es la habitual presencia de baños y espacios termales documentados en este

---

[101] VV. AA. (2009); L. Olmo (2010): 89.
[102] J.M. Rojas y A.J. Gómez (2009): 45-90.
[103] R. Barroso *et al.* (2011): 24. Para *Barcino*: J. Beltrán (2010): 31-49.
[104] J.M. Rojas y A.J. Gómez (2009): 45-89.

sector. Por tanto, se trata de una información arqueológica inestimable, máxime cuando en otras ciudades y sedes episcopales hispanas apenas se dispone de testimonios materiales relativos a la arquitectura residencial tardoantigua perteneciente a las élites del siglo VII.

Un conjunto de este tipo es el documentado en la calle San Pedro el Verde, que cuenta con un paralelo en la *pars urbana* de la *villa* del Saucedo[105]. Asimismo, debemos mencionar otro edificio residencial de prestigio cuyo modelo es también casi idéntico a otros espacios hispanos documentados. Se trata de una gran estancia rectangular (18 m x 7.2 m) que presenta una hilada central de columnas y pilares adosados al muro norte que contribuirían a soportar los empujes de un posible piso superior[106]. A este espacio se accede atravesando dos zaguanes previos y directamente desde un patio que actúa como espacio distribuidor. Un posible paralelo, dentro del mismo territorio de la sede regia toledana, podría ser el edificio áulico excavado en Los Hitos (Arisgotas), que a nuestro juicio debe adscribirse a los espacios de representación asociados a las aristocracias rurales del *territorium*[107]. El sistema de axialidad de estos conjuntos, así como la presencia de pórticos y pilares adosados a las fechadas exteriores podrían relacionarse con otras construcciones de prestigio como el posible palacio del *dux* Teodomiro identificado en Pla de Nadal (Riba-Roja de Turia) o las estancias centrales documentadas en complejos militares como el de Sant Julià de Ramis (Gerona), así como en las residencias emeritenses de Morerías y de la alcazaba de cronología tardoantigua o emiral[108].

---

[105] M. Bendala *et al*. (1998): 298-310.

[106] J.M. Rojas y A.J. Gómez (2009): 74.

[107] R. Barroso *et al*. (2011): 75.

[108] Plá de Nadal: E. Juan y J.V. Lerma (2000): 141; Sant Julià de Ramis: J.Burch *et al*. (2005): 58; Mérida: P. Mateos y M. Alba (2000): 159.

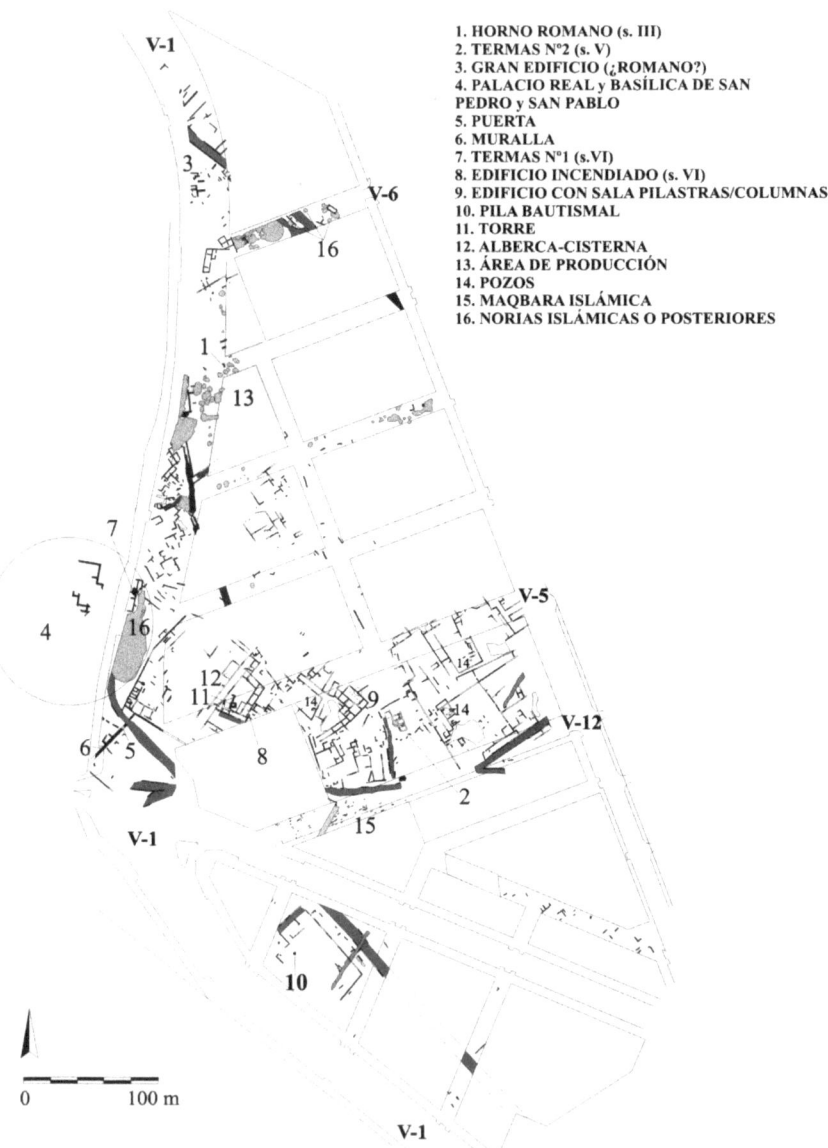

Planta de las excavaciones en la Vega Baja (según J.M. Rojas).

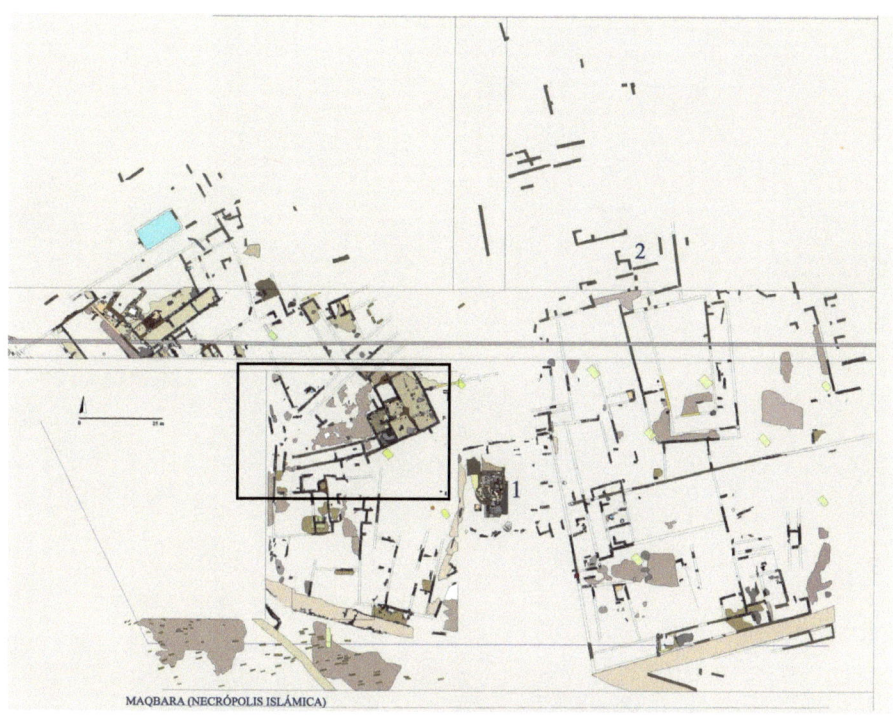

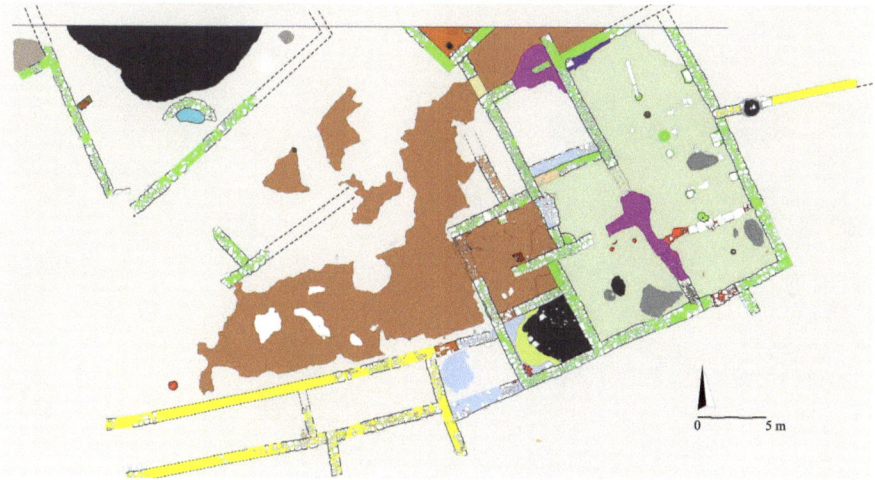

Arriba: plano de la Vega Baja con las estructuras arqueológicas excavadas. Abajo: edificio residencial de época visigoda (según J.M. Rojas).

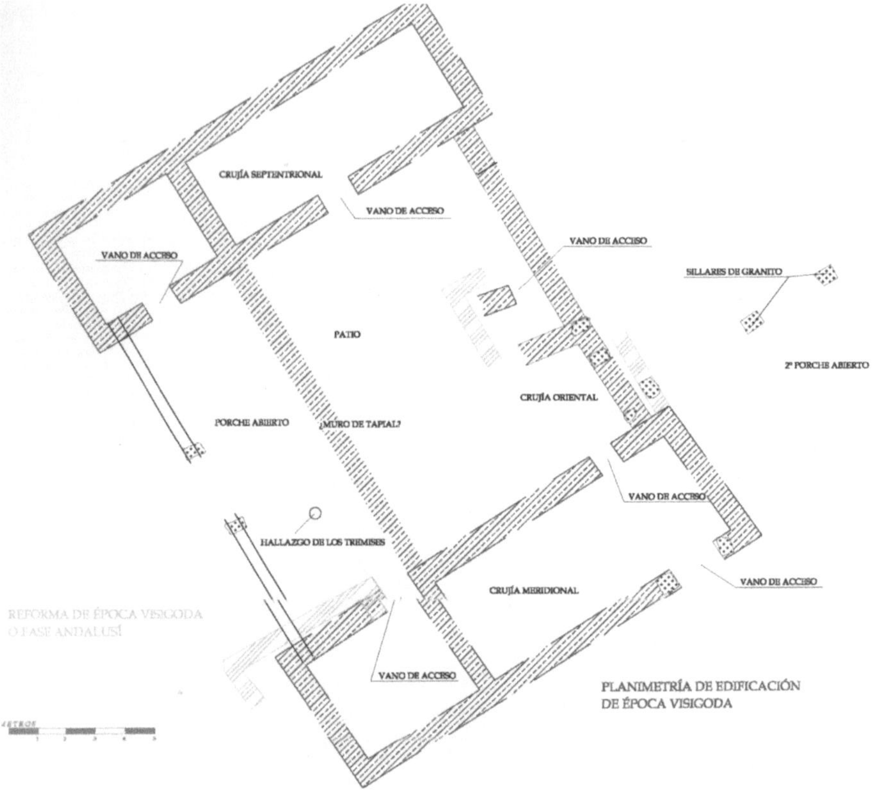

Planta y reconstrucción del edificio localizado en la parcela R4 de la Vega Baja (según Caballero, Maquedano y Sánchez).

La ciuitas Dei: los monasterios toledanos

Fuera de estas edificaciones de prestigio, y como fieles testigos del creciente poder de la Iglesia y a la vez defensa simbólica de la *urbs*, la ciudad se encontraba rodeada por numerosas fundaciones monásticas. Sin duda, el más famoso de los monasterios toledanos es el de San Cosme y San Damián o Agaliense, donde recibieron formación los obispos Eladio, Eugenio o Ildefonso. A pesar de la importancia de este monasterio, no existe total unanimidad en cuanto a la identificación del monasterio agaliense con el cenobio en el que, según la *Vita Hildephonsi*[109], habría hecho su diaconado San Ildefonso. En realidad, ni siquiera sabemos con absoluta seguridad el origen del topónimo y, aunque se han barajado diferentes propuestas de interpretación más o menos argumentadas, generalmente se acepta que el nombre del monasterio derivaría de su situación junto a la calzada que conducía a las Galias *(ad galiense iter)*[110]. No obstante todas esas cautelas, nos parece prácticamente segura la identificación entre el monasterio de San Cosme y San Damián y el de Ágali, ya que de otro modo no estaría justificada la ausencia del abad de este importante monasterio entre los firmantes del XI Concilio de Toledo[111]. Otro indicio que apunta hacia esa identificación es que un tal Gratinidus firma como *ecclesiae sanctorum Cosme et Damiani abba*, siendo así que es el único entre los abades que en la suscripción de las actas omite el término *monasterium*[112].

La ubicación de este célebre monasterio también es, a día de hoy, desconocida, aunque, como se ha dicho, a partir de la etimología se ha especulado con su situación junto a la calzada galiana. En los últimos años se han dado a conocer algunos datos que parecen situarlo próximo a La Peraleda, en función de algunas referencias de época medieval. Pero tradicionalmente se han realizado otras muchas propuestas entre las que destaca aquélla que lo sitúa en las inmediaciones de los llamados Palacios de Galiana. Según esta teoría, la

---

109 *Vita Ildeph.* 1: *…in ecclesia sanctorum Cosme et Damiani, que sita est in suburbio Toletano*, ed. J. Gil (1973): 60; J.F. Rivera (1950-1951a): 77. La autoría de este texto es apócrifa y probablemente fue redactada por un monje cluniacense francés que recogió tradiciones toledanas anteriores: V. Yarza (2006): 279-325.

110 Sobre las distintas propuestas de localización, véanse J. de Moraleda (1928): 130-138; J.F. Rivera (1985): 76-80. Recientemente se ha sugerido su ubicación en La Peraleda por parte de R. Gonzálvez.

111 R. Puertas (1975): 33.

112 J. Vives (1963): 369; I. Velázquez y G. Ripoll (2000): 566.

almunia Al-Mansura o Huerta del Rey, ordenada construir entre 1043 y 1075 por Al-Mamum, habría sido la heredera del antiguo monasterio de época visigoda[113]. La propuesta parece altamente verosímil no sólo por su situación junto a la calzada de las Galias, en línea con la principal entrada de la ciudad (la más importante desde el punto de vista de los actos de representación), sino también por la propia riqueza agraria del lugar y porque además es coherente con una anécdota narrada por San Ildefonso a propósito de su predecesor Eladio. Asimismo, desde el punto de vista arquitectónico, el conjunto taifa documentado en los Palacios de Galiana presentaba una estructura basada en una planta de tipo bizantino que podría indicar un origen más antiguo[114].

No hay constancia arqueológica para el resto del catálogo de monasterios de época visigoda, que es conocido únicamente por las signaturas de sus abades en el XI Concilio o por ciertas referencias literarias de la época. Por ejemplo, conocemos la existencia de un monasterio urbano dedicado a la Santa Cruz del que se sabe que, durante la celebración de Pascua, era escenario de la traslación desde la *ecclesia principalis* de una reliquia del *lignum crucis* portada en una patena junto con una cruz de oro con reliquias. Debía encontrarse, pues, cercano a la sede catedralicia y la tradición local lo ha ubicado siempre bajo la ermita del Cristo de la Luz, donde las intervenciones arqueológicas no han certificado ninguna construcción de época visigoda. Sin embargo, se ha señalado como indicio favorable a esta ubicación el que en la construcción de la antigua mezquita se reaprovechara una serie de capiteles de época visigoda, dato importante aunque en absoluto concluyente, pero que de alguna manera coincide con otros dos indicios referentes a este paraje que parecen avalar dicha localización[115]. El primero de ellos es la noticia del descubrimiento, en 1909, en un inmueble cercano al Cristo de la Luz, de un fragmento de epígrafe que reproducía la inscripción métrica del obispo Sefronio de Segóbriga[116]. Asimismo, una tradición recogida por J. Amador de los Ríos afirmaba que, en el

---

[113] Sobre la almunia árabe, véase J. Ramos (2001): 203-226.

[114] Hild. Tol. *Vir. Illustr.* 6 (ed. C. Codoñer [1972]: 124). Para una interpretación de este pasaje: R. Barroso *et al.* (2013): 1013.

[115] R. Puertas (1975): 31; I. Velázquez y G. Ripoll (2000): 566; L.J. Balmaseda (2007b): 207; R. Barroso y J. Morín (2008).

[116] *ICERV* nº 276 (IHC 165; IHC 398; CLE 1393); I. Velázquez (1996): 77-113; J.M. Abascal y R. Cebrián (2006): 283-294; J. Gómez (2007): 167-196.

momento de la conquista de la ciudad por Alfonso VI en 1085, fue descubierto en este lugar un crucifijo tapado por una piedra[117].

Otro de los monasterios aludidos en las actas del XI Concilio era el de San Miguel. Su abad firma en primer lugar las actas del sínodo[118]. Es posible, puesto que el arcángel San Miguel es considerado en la tradición cristiana como protector de la hueste celestial, que este cenobio se hallara situado próximo al recinto pretoriense, probablemente como complemento monástico de la basílica de los Santos Apóstoles. El hecho de que su abad sea el primero en firmar las actas dentro del *ordo abbatum* podría apoyar este extremo. Del mismo modo, se ha supuesto que el himno *Hierusalem gloriosa*, compuesto en honor de los santos Adrián y Natalia, que contiene una invocación al arcángel, fuera destinado originalmente para este monasterio toledano. Merece la pena recordar que San Adrián, al igual que San Miguel, fue considerado durante la Edad Media como un santo guerrero, aspecto éste que casa bien con el carácter castrense que podría suponerse para un cenobio ubicado junto al *palatium*. De ser esto cierto, encontraríamos en Toledo un nuevo paralelismo con las construcciones áulicas ovetenses de la época de Alfonso II[119].

El monasterio de Santa Leocadia es el segundo de los monasterios citados en las actas del XI Concilio. Al igual que sucedía en Mérida con el monasterio de Santa Eulalia, parece lógico situar el monasterio junto a la basílica martirial. El hecho de que su abad firme en segundo lugar puede interpretarse como una prueba de su importancia, dado que estaría vinculado a una iglesia considerada de carácter palatino. Si tenemos en cuenta la posibilidad antes reseñada de que el edificio excavado junto al circo fuera el mismo *martyrium*, no sería descabellado entonces ubicar este monasterio adjunto bajo la actual ermita del Cristo de la Vega, dando razón, al menos parcialmente, a la tradición historiográfía generada en torno a este lugar.

Por último, las actas mencionan un monasterio dedicado a Santa Eulalia, de situación igualmente desconocida. La tradición y algún testimonio literario

---

[117] J.A. de los Ríos (1845): 247-250.

[118] A. González (2007): 208.

[119] R. Barroso y J. Morín (2007a): 136–140. Es significativo el hecho de que el monasterio de San Miguel de Escalada, fundación regia de Alfonso III, levantado por una comunidad mozárabe sobre un antiguo cenobio visigodo, custodiara en su interior unas reliquias de San Adrián: C. García (1966): 136.

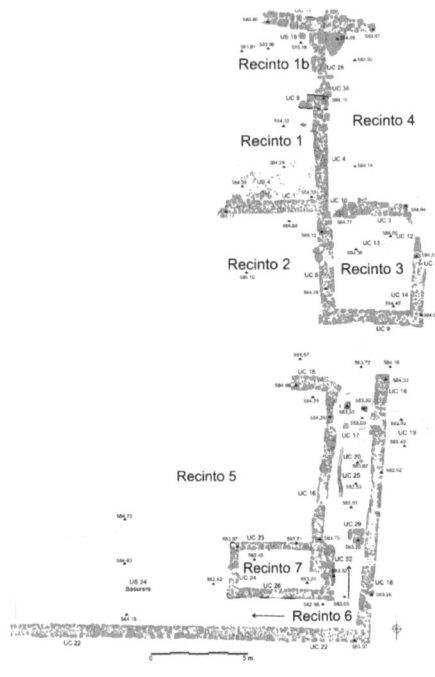

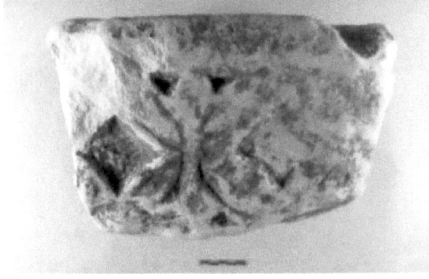

Arriba: Dehesa de Hernán Paez -según J.M. Rojas-. Abajo: Dehesa de Hernán Paez. Cimacio -fot. J.M. Rojas-.

muy dudoso suponen que existió una iglesia dedicada a la santa emeritense ya desde el reinado de Atanagildo[120]. Es muy probable que esta iglesia fuera la del monasterio homónimo citado en las actas del referido concilio. Santa Eulalia fue una de los mártires más famosos de la cristiandad hispana hasta el punto que su martirio mereció ser cantado por Aurelio Prudencio. Sin embargo, la negativa del obispo Másona de Mérida a entregar la reliquia de la mártir emeritense a Leovigildo (VPE 6) debió incidir sin duda en el declive de su culto en Toledo al tiempo que propiciaría el de la santa local. Este hecho favorecería también la vinculación de Santa Leocadia con la corte visigoda[121]. Esa pérdida de importancia podría explicar por qué el abad de Santa Eulalia firma las actas del XI Concilio en último lugar, tras el abad del monasterio de la Santa Cruz.

A falta de testimonios arqueológicos que confirmen la ubicación topográfica exacta de estos monasterios, no habría que descartar que el área cigarralera, el territorio más inmediato a la ciudad, fuera uno de los espacios más propicios para la instalación de buena parte de estos conjuntos monásticos. El hecho de tratarse de un área

---

[120] *Epigram. I: Coenobium Eulaliae rex Athanagildus et aedem* (ed. Migne PL 96 324).

[121] S. Panzram (2010): 127.

prácticamente despoblada pero a la vez cercana a la *sedes regia* y con enormes posibilidades de aprovechamiento agropecuario, facilitaría sin duda la implantación de tales conjuntos. Interesante a este respecto es la constatación en la Dehesa de Hernán Paez de una gran construcción realizada con grandes bloques de mampostería sin desbastar. Sus excavadores lo han identificado con un asentamiento rural hispanovisigodo que tendría continuidad de uso en época emiral, al menos hasta el siglo IX[122]. Sin embargo, más que edificaciones aisladas y articuladas en torno un espacio abierto, parece tratarse de un edificio con una planta semejante a los documentados en la Vega Baja y que vienen siendo interpretados como estructuras palatinas privadas. No hay que descartar tampoco que la construcción excavada en Hernán Páez fuera un espacio monástico articulado en torno a un patio, dadas las dimensiones del edificio (15 x 30) y la aparición de un fragmento de cimacio con rosetas hexapétalas fechable en la séptima centuria.

---

[122] A. Vicente *et al.* (2009): 287-315.

El territorio toledano: la cristianización del paisaje rural

El nuevo modelo territorial toledano de época visigoda se organizó a partir del espacio rural más productivo, el que antes concentraba el mayor número de *uillae*, que en época tardoantigua y visigoda empezó a ser explotado mediante una red de aldeas y granjas (yacimientos de La Pozuela y Las Posturas)[123]. Estos nuevos asentamientos serían el resultado del desarrollo de un tipo de sociedad que habría sido capaz de generar nuevas formas de aprovechamiento del territorio. Debido al poco tiempo transcurrido desde la valoración de los primeros hallazgos, todavía se desconocen con exactitud los mecanismos que hicieron posible la implantación a finales del siglo V de estas nuevas entidades. Se trata, en cualquier caso, de un momento complejo condicionado por la llegada y establecimiento de los visigodos en estas tierras del interior peninsular. La consolidación de este modelo, en todo caso, no habría de producirse hasta bien entrado el siglo VI, sufriendo ciertos cambios y adaptaciones antes de desaparecer entre los siglos VIII y IX como consecuencia de la implantación del nuevo modelo islámico, en el que primó la construcción de nuevas ciudades secundarias en diferentes puntos del antiguo territorio de *Toletum*[124].

Por otro lado, la cristianización del territorio, bien constatada a través de las fuentes históricas (concilios de los años 400 y 527), se dejó sentir también en el ámbito constructivo del territorio ya desde una época temprana (Carranque, Pueblanueva, Las Tamujas, Saucedo) influyendo decisivamente en el nuevo modelo de doblamiento. Dentro del territorio toledano y ya en época visigoda se conocen, bien por datos arqueológicos o bien por referencias literarias o epigráficas, los yacimientos de San Pedro de la Mata, Guarrazar (Guadamur), Santa María de Melque, Los Hitos (Arisgotas) y los monasterios Deibiensis y Cabensis. La localización de este último es desconocida, aunque se sabe que estaba dedicado a San Félix y que se encontraba situado próximo a Toledo, según testimonio de Félix, biógrafo de San Julián, quien lo cita a propósito del enterramiento en el mismo de Gudila, levita y amigo del obispo[125].

---

123 G. Ripoll (2007): 63-64; R. Barroso y J. Morín (2008).

124 R. Barroso *et al.* (2014): 257s.

125 Fel. Tol. *Vita S. Iul. 1:…cujus corpusculum [s.c. Gudila] in monasterio S. Felicis, quod est Cabensi in*

Otro monasterio citado por las fuentes es el de San Félix *quae est in Tatanesio*. Casi con seguridad, este monasterio, al que San Eugenio dedicó uno de sus poemas, se hallaba situado en algún punto de la actual Totanés, localidad situada a medio camino entre Melque y Los Yébenes y en la que se han documentado diversos restos de época visigoda. San Eugenio afirma que contaba con un *xenodoquium* que servía de asilo y hospedería, y que estaba dedicada a cuatro santos, según constaba en un título dispuesto en la puerta del templo *(quattuor in titulis constat haec ianua templi,/sed prima Felix culmina sanctus habet)*. El resto de lo que sabemos sobre esta fundación es muy hipotético. El mismo Eugenio refiere que había sido erigido por voluntad del matrimonio de Eterio y Teudesvinta *(hoc opus Aetherius cara cum coniuge fecit/cui nomen olim Teudesuintha fuit)*. Tanto la autoría del poema como la onomástica de los comitentes apuntan a que se trataba de miembros de la nobleza palatina, probablemente emparentados con la familia real de Chindasvinto (641-652) y Recesvinto (649-672). El mismo topónimo Tatanesio podría hacerse derivar sin problemas de un *fundus* familiar (<*Toda*?) siguiendo el principio de aliteración germánico[126]. Esta relación con la realeza y la corte toledanas se confirmaría aún más de aceptarse la identificación hecha por García Moreno de este Eterio con el *uir inluster* que suscribe como *comes cubiculorum* el IX Concilio de Toledo[127].

Desde el punto de vista arqueológico el complejo arquitectónico mejor conocido es el de Arisgotas. Este conjunto está formado por dos edificaciones independientes: la iglesia de San Pedro de la Mata y un edificio excavado en Los Hitos. La situación de Arisgotas junto a la vía que comunica Toletum con Corduba convertiría a este lugar en un emplazamiento perfecto para un complejo residencial de tipo aristocrático. De hecho, las fuentes literarias resaltan el papel cada vez más trascendente de esta última ciudad en detrimento de

---

villula dedicatum, dilectissimi socii sui exhibitione honorifice requiescit humatum (ed. Migne, PL 96 446). L.J. Balmaseda (2007b): 208, cita la opinión de Sixto G. R. Parro Simón de que se encontraba junto a la ermita del Valle, en el cerro de Saelices (San Felices), donde prospecciones posteriores han confirmado la aparición de restos de la época: J.A. Aparicio (1993): 12. Por su parte, A. Linaje (1973): 31, lo situó en Valdecaba, "a unas dos leguas de la ciudad, junto al Tajo".

126 Eug. Tol. *Carm. 12. In basilica sancti Felicis quae est in Tatanesio,* (ed. Vollmer, 1905: 242); R. Barroso et al. (2011): 46-48.

127 Iul. Tol. Hild. Elog. *Coenobium quoque virginum in Deibensi villula construxit, ac propriis opibus decoravit* (ed. Migne, PL 96 43s). Véase L.A. García Moreno (1974): 47 nº 51.

la otrora dinámica Emerita en los últimos decenios del reino visigodo de Toledo (*L.V. IX 1 21 a. 702; cfr. Cont. Hisp. 62; Cont. Hisp. 68*). La proximidad de este yacimiento a Los Yébenes y la etimología del lugar permiten identificar con cierta seguridad este complejo con el monasterio Deibense citado por San Julián[128]. Según su biógrafo, Ildefonso de Toledo fundó *in Deibensis uillula* un monasterio para vírgenes sobre el que fuera solar de un antiguo predio familiar. Aunque pueda parecer lo contrario, el diminutivo empleado por el obispo cronista (*uillula*) no indica una pequeña villa, sino al centro mismo de un gran dominio nobiliar, siendo de hecho sinónimo de villa señorial. En este sentido, la *uillula Deibensis* puede compararse a otras *uillulae* citadas por las fuentes de la época como Gérticos (la *uillula* donde falleció Recesvinto) o Aquis, *uillula* en la que Wamba estableció una efímera sede episcopal[129].

El grupo de yacimientos del área de Arisgotas presenta una serie de características que parece relacionarlo directamente con los círculos de poder del reino: un posible *palatium* aristocrático reconvertido posteriormente para una función funeraria (Los Hitos), un monasterio (cuya iglesia sería San Pedro de la Mata) y unos materiales escultóricos, constructivos y epigráficos (entre ellos una inscripción métrica) vinculados al arte y cultura toledanos de la segunda mitad del siglo VII. Todo ello hace suponer que las menciones a este cenobio Deibense y al monasterio de San Félix *quod est Cabensi in uillula dedicatum* deben entenderse en el contexto de reforma de realidades constructivas preexistentes destinadas a hacer frente a su nueva función eclesiástica.

En realidad, el fenómeno de transformación de los antiguos fundos de la nobleza laica en fundaciones monásticas debió ser bastante frecuente durante el siglo VII, sobre todo en el entorno de ciudades que, como Toledo, contaban con un importante poder eclesiástico. De hecho, arqueológicamente parece detectarse también en otros ejemplos (Aquis, Carranque o Saucedo) y tal vez sucedió también en el caso de Santa María de Melque. La sustitución del elemento laico por el eclesiástico debió realizarse a través de las donaciones de patrimonio por motivos estrictamente religiosos (como parece ser el caso de la *uillula Deibensi* propiedad de la familia de Ildefonso) o debido a la gran estabi-

---

128 L.A. García Moreno (1991): 269; *Id*. (2007): 244.

129 El uso del diminutivo es para distinguirlo de *uilla*, que en esta época va adquiriendo el sentido de población de rango menor: Véase A. Isla (2001): 9-19; J. Arce (2006): 9-15; *Id*. (2012): 21-30; C. Martin (2003): 32-40.

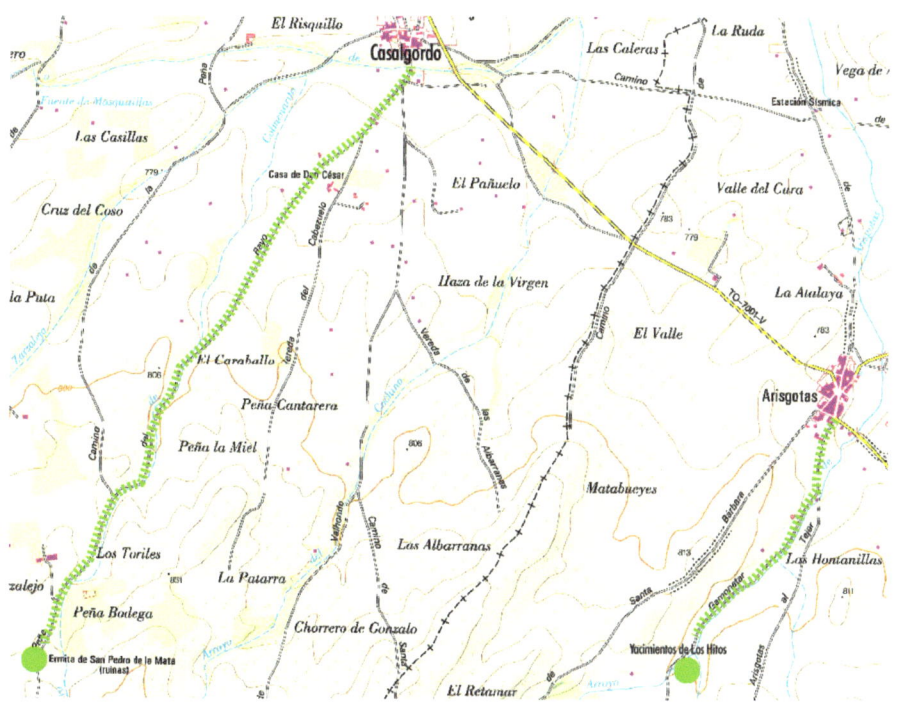

Localización de Los Hitos y de San Pedro de la Mata.

lidad social del estamento eclesiástico, mucho menos afectado por la política de confiscaciones regias tan habituales a partir de mediados del siglo VII.

Desde el punto de vista arqueológico sin duda el monasterio de Melque es el mejor documentado de todo el territorio toledano gracias a las numerosas intervenciones y estudios de los que ha sido objeto[130]. Este conjunto monástico se levanta en las proximidades de una cañada y controla un punto estratégico del tránsito ganadero entre la meseta y las llanuras de la Bética El conjunto monástico ocupaba una parcela de aproximadamente 25 ha, cercada por un muro de mampostería que rodea todo el perímetro de la propiedad. El monasterio contaba asimismo con un complejo sistema de cinco presas destinado al aterrazamiento del terreno para la puesta en labor de los huertos pertenecientes a la comunidad.

---
130 S. Garen (1992): 288-305; L. Caballero (2007): 91-119; R. Barroso et al. (2011): 57-63.

Planta y vista de la iglesia de San Pedro de la Mata.

Ocupando prácticamente el centro del recinto acotado, sobre una elevación que permite el control visual del entorno y la convierte en referente del mismo, se encuentra la iglesia. Se trata de un formidable edificio de planta cruciforme levantado sobre sillares irregulares de granito de gran tamaño, con cabecera de testero recto al exterior y en forma de arco de herradura en la cara interna, y pórtico a los pies. A ambos del recinto anterior al ábside se levantan dos habitaciones que se hallan comunicadas con él y con los brazos del crucero.

La iglesia contó en su momento con una rica decoración en estuco, un caso singular aunque no único en los edificios visigodos, de la que aún pueden verse huellas en los arcos torales. El amplio uso que se hace en Melque de la decoración estucada, tanto en molduras como arcos, unido a la presencia de otros elementos del mobiliario litúrgico (altares y canceles de escultura decorativa), así como las telas y otros elementos litúrgicos (vasos y ornamentos sagrados), debieron dotar al edificio de una apariencia deslumbrante que hoy apenas se reconoce en las dimensiones y características del conjunto arquitectónico.

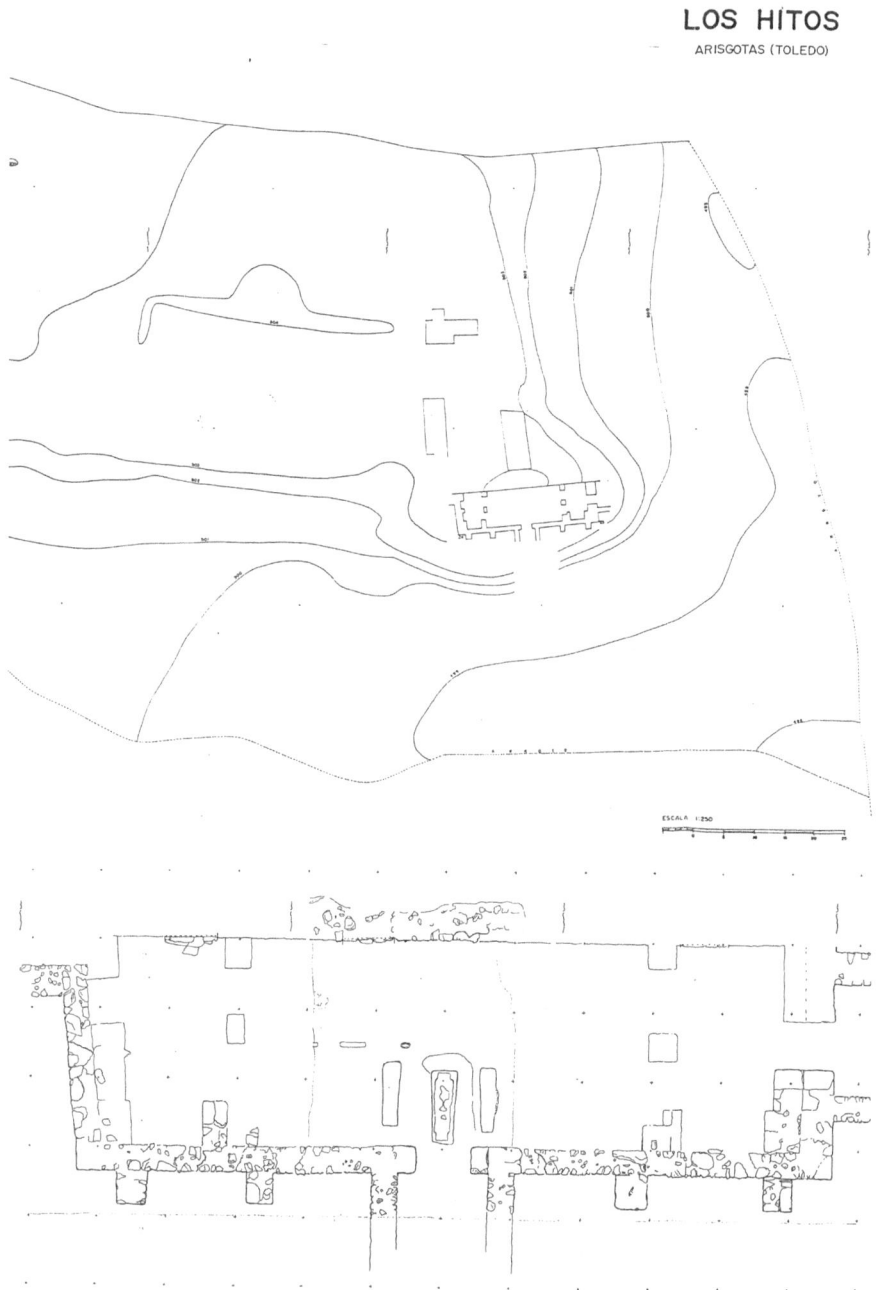

Topografía, vista general y planta de conjunto de Los Hitos según L. Balmaseda.

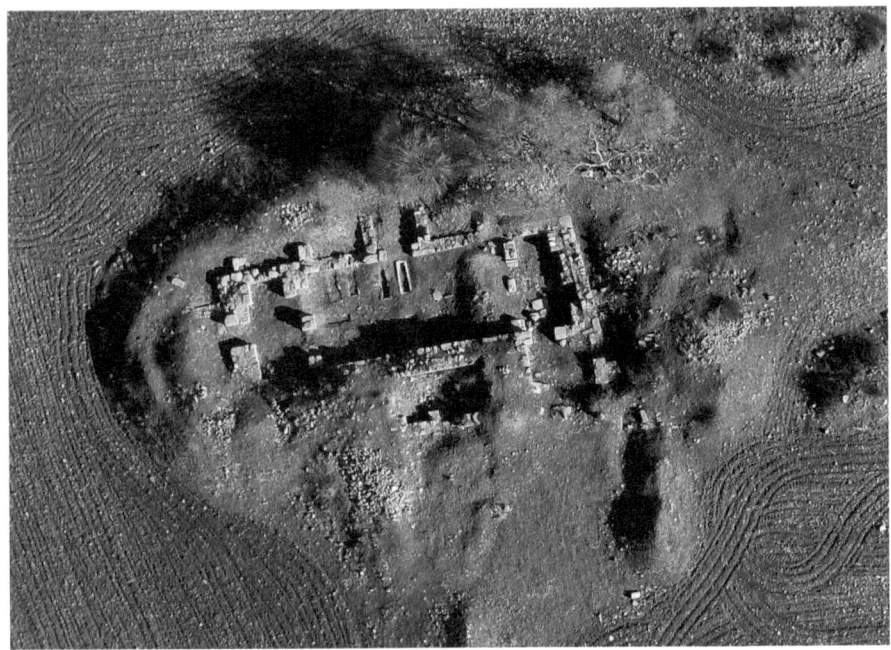

Fotografía aérea del yacimiento de Los Hitos.

El aspecto monumental de la construcción quedaba subrayado aún más por la propia arquitectura: los grandes arcos de herradura sobre los que se eleva el cimborrio, la disposición de columnas adosadas en el soporte de éste, ejecutadas como un simple abultamiento semicilíndrico de la sillería, sin basas ni capiteles, a juego con las esquinas redondeadas del edificio, aparición de frontones triangulares, etc. Todos estos rasgos sugieren la intención de dotar al conjunto de un aspecto clasicista y lo relacionan claramente con la arquitectura de prestigio de carácter civil. En cierto modo lo que viene a demostrar el caso de Melque es que los monasterios toledanos de la séptima centuria actuaron como auténticos herederos de las antiguas *uillae* del imperio, tanto en lo que se refiere a su función práctica, en relación con la explotación económica de un determinado territorio, como en el aspecto puramente estético o de ostentación[131].

---

131 A. Arbeiter (2000): 251-253; R. Barroso *et al.* (2011): 61.

Reconstrucción del yacimiento de Los Hitos.

El sentido de este monumental conjunto se adivina precisamente en el detalle del arcosolio dispuesto para un enterramiento privilegiado sobre el brazo sur del crucero. Dicho arcosolio se halla empotrado en la misma fábrica del templo, formando parte de la misma. Esto es un claro signo indicativo de que la iglesia fue levantada para servir como panteón monumental del personaje allí enterrado. En un momento algo posterior a la construcción de la iglesia que no puede precisarse se añadió otro recinto conformado con nichos que se sitúa en el lado norte de la iglesia. Este espacio debió tener una finalidad igualmente funeraria, pero en relación con la comunidad monástica allí instalada. De hecho, el recinto debió servir como osario de la comunidad, al estilo de lo que era tradición en los columbarios rupestres monásticos y sirviendo como precedente de las *Karner (carnarium)* o *Beinhäuser (ossarium)* de las abadías románicas de la Germania meridional. Así se explicaría su situación junto a la pequeña necrópolis documentada a los pies del templo. En cierto modo, este

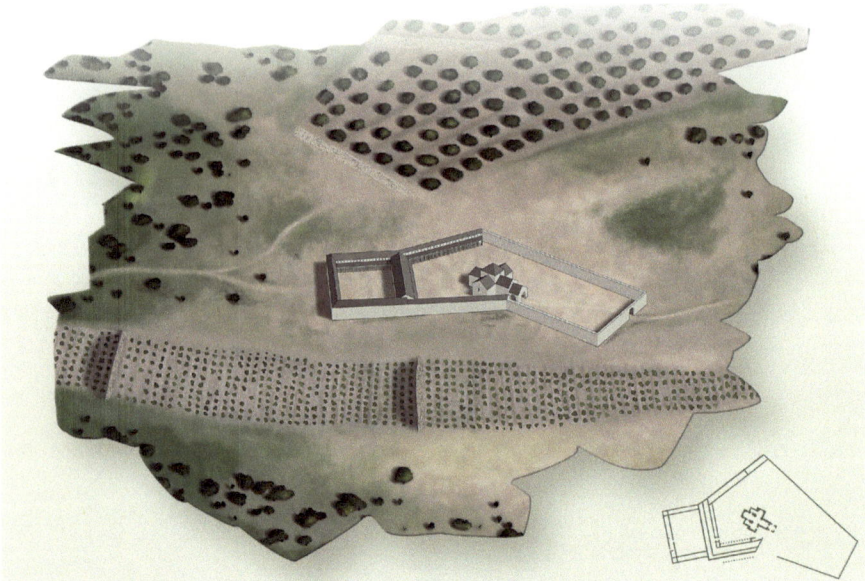

Restitución del paisaje del Monasterio de Santa María de Melque (Ilustración G. Corbacho sobre ideas de Barroso, Carrobles y Morín).

recinto constituye una versión simplificada y humilde del enterramiento privilegiado del interior de la iglesia[132].

Los elementos decorativos y los distintos hallazgos arqueológicos documentados en Melque apuntan a un marco cronológico situado entre mediados del siglo VII y los inicios del siglo VIII, en concordancia con los datos arqueológicos: moneda de Égica-Witiza acuñada *ca.* 700, producciones de *sigillata* de Cartago, pavimentos de *opus signinum*, etc. Asimismo, la sucesión de pavimentos documentado por las excavaciones arqueológicas implican una secuencia temporal de uso del edificio más prolongada de lo que se ha venido defendiendo hasta la fecha, pudiendo adelantarse la fundación unas décadas, en consonancia con el impulso evergeta realizado por las elites toledanas que sugiere la documentación literaria, así como con la fecha propuesta para las otras fundaciones tratadas anteriormente[133].

---

132 R. Barroso *et al.* (2011): 58.

133 L.J. Balmaseda (2007a): 275-299; A. Arbeiter (2000): 251-253; R. Barroso *et al.* (2011): 57-63.

Santa María de Melque.

La etimología del topónimo pone de nuevo énfasis en el estrecho vínculo que debió darse entre Melque y los círculos de poder toledanos. En el siglo XII el lugar era conocido como Santa María de Valatalmelc, topónimo que se ha hecho derivar de un hipotético *Balatabdelmelic*, traducido a su vez como "calzada o palacio del servidor del rey". Sin embargo, el término *balat*, aunque suele traducirse por "calzada", es en realidad un derivado del latín *palatium* y, por tanto, hace referencia a una construcción de

Santuario. Santa María de Melque (Ilustración G. Corbacho sobre ideas de Barroso, Carrobles y Morín).

Santa María de Melque. Osario.

carácter monumental. De este modo, la traducción exacta del topónimo debería ser algo así como "palacio del <cliente o servidor del> rey", interpretación que reforzaría la hipótesis de la relación de Melque con los feudos reales entregados a los hijos de Witiza después de la capitulación.

En cualquier caso, lo que parecen sugerir todos estos indicios es que su promotor fue alguien de la misma familia real o al menos uno de esos *primates* o *fideles regis* a los que con frecuencia aluden las fuentes de la época. Un destacado miembro del restringido grupo aristocrático que componía el *Officium Palatinum* entre quienes era elegido el propio monarca. La identidad de este personaje es desconocida, pero es indudable que una empresa de esta magnitud y características singulares, y además cercana a la *urbs regia* debió tener algún reflejo documental en las fuentes de la época. Y, puesto que en la Antigüedad la cultura era una realidad circunscrita a unos escasos cenáculos aristocráticos[134], nos parece posible señalar con cierta seguridad al promotor de esta obra gracias a algunos indicios que proporcionan las fuentes literarias del momento.

---

134 P. Maymó (2000-2001): 218.

Ya en su día reparamos en varias referencias transmitidas por San Eugenio de Toledo (*Carm.* 27-29) acerca de un noble toledano llamado Evantius –muy posiblemente el mismo *comes Scanciarum* y *uir inluster* que aparece firmando las actas del VIII Concilio de Toledo[135]– que ordenó levantar en honor de su padre Nicolaus una magna construcción destinada a servir de túmulo a sus restos funerarios[136]. Resulta muy significativo que Eugenio, poeta oficial de las cortes de Chindasvinto y Recesvinto y cuyas composiciones a menudo se redactaron *sub specie epigraphica*, dedicara nada menos que tres composiciones poéticas para glosar la figura de este Nicolaus, de quien dice además que era de origen noble *(nobilis et magno)* y esclarecido por las armas *(dextrae beliger)*. Más significativa aún es que uno de estos epitafios indica explícitamente la existencia de un edificio material *(aula, sacra fabrica)* donde

Reconstrucción de la sepultura privilegiada del curcero de Santa María de Melque (Ilustración G. Corbacho sobre ideas de Barroso, Carrobles y Morín).

---

135 L.A. García Moreno (1974): 48 nº 56. R. Barroso *et al.* (2011): 61-63.

136 Eug. Tol. *Carm.* 28: *hanc in honore dei supplex Euantius aulam, / sacram fabricans hanc in honore dei / hic patrios cineres, praeciso marmore clausi, / seruet ut omnipontens hic patrios cineres. / Nicolae genitor, pro te deuotio summa est, / hic tibi fructus erit, Nicolae genitor.* (ed. F. Vollmer [1905]: 252).

reposarían los restos del prócer[137]. Es evidente estos datos literarios cuadrarían bien con un conjunto como el de Melque.

Por otro lado, la implantación de este monasterio en el piedemonte de los Montes de Toledo, en un sector para el que no se documenta un intenso poblamiento aldeano, incide en la idea de un intento de reorganización territorial por parte de la aristocracia toledana, probablemente con vistas al aprovechamiento de las redes de trashumancia ganadera que se dirigen desde el norte del sistema Central hacia los valles de la Bética, con la intención de generar así nuevas rentas mediante la explotación de zonas que hasta entonces se habían mantenido al margen del aprovechamiento económico. Esto hace del conjunto monástico de Santa María de Melque no sólo un simple monumento funerario erigido a perpetuar la memoria de uno de los magnates del reino, sino también un magnífico ejemplo del enorme poder social y económico de las elites del reino.

Hemos dejado para finalizar este recorrido por el paisaje urbano de Toledo y de su territorio en época visigoda uno de los yacimientos emblemáticos toledanos: Guarrazar. Este yacimiento, situado a unos 8 km de la capital, es célebre porque a mediados del siglo XIX se descubrió el famoso tesoro de coronas votivas que hoy día se hallan custodiadas en el Museo Arqueológico Nacional, la Armería Real de Madrid y el Museo de Cluny de París.

Las primeras intervenciones sobre este yacimiento se iniciaron ya en 1859, motivadas en parte por el escándalo que supuso la venta de algunas de las piezas en Francia. Las excavaciones fueron llevadas a cabo por una Comisión de la Real Academia de la Historia dirigida por José Amador de los Ríos y documentaron, aparte de los hoyos donde se escondieron las coronas, una necrópolis saqueada de antiguo y restos de una edificación, así como diversos fragmentos arquitectónicos y de escultura decorativa. La necrópolis contaba además con una sepultura privilegiada donde había sido enterrado un presbítero de nom-

---

[137] Eug. Tol. *Carm*. 29: *Ecce patet aditus et sacri ianua templi, / reddite vota deo, ecce patet aditus. / hanc in honore dei supplex Euantius aulam, / sacram fabricans hanc in honore dei / hic patrios cineres praeciso marmore clausi, / servet ut omnipotens hic patrios cineres. / Nicolae genitor, pro te deuotio summa est, / hic tibi fructus erit, Nicolae genitor. / iure mea tua sunt, quo non serente nec essem, / sed qui sum fateor: iure mea tua sunt* (ed. Vollmer [1905]: 252). En ese sentido, es altamente revelador el hecho de que una de las composiciones dedicadas a Nicolaus sirviera de modelo, un siglo después, para redactar el epitafio del rey Ordoño (+866): Hübner, IHC nº 251; I. Velázquez (2004): 24; R. Barroso *et al.* (2011): 62.

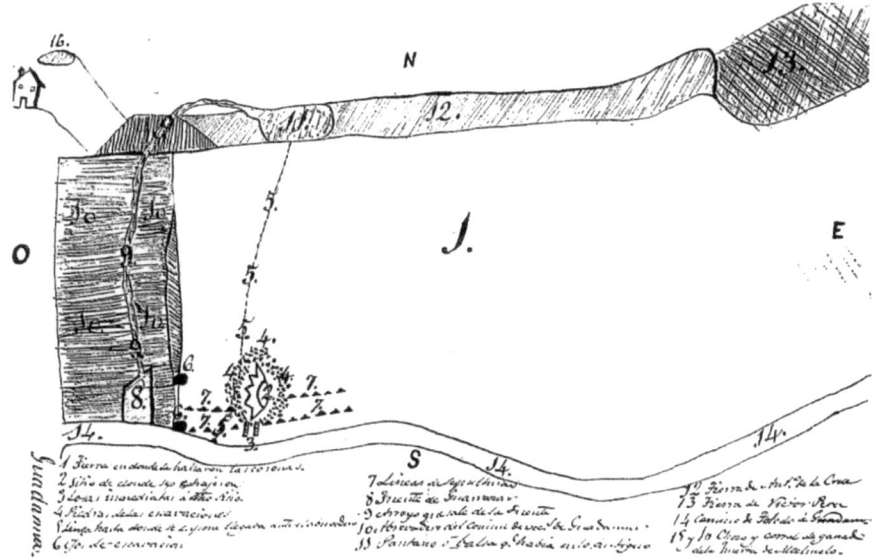

Croquis del lugar del hallazgo del tesoro, elaborado por orden judicial en el año 1859.

bre Crispín, fechada, según inscripción, en el año 693 de la era cristiana[138]. Nuevos descubrimientos y adquisiciones, catalogados por L. Balmaseda, elevaron el número de fragmentos hasta un total de 63, incluidos aquéllos custodiados en instituciones públicas y los que se conservan en diversas colecciones particulares. En la actualidad, desde hace ya unos años, el yacimiento es objeto de nuevas intervenciones por parte del Instituto Arqueológico Alemán bajo la dirección del doctor Ch. Eger[139].

Tanto las noticias referentes al descubrimiento del tesoro como las recientes intervenciones arqueológicas apuntan a que en Guarrazar existiría un complejo vinculado con el culto cristiano, tal y como parece ocurrir en otros grandes monasterios de esta misma época, caracterizados por una distribución espacial diversificada basada en la funcionalidad estructural de los edificios que los integraban. No obstante, todavía no se puede descartar que desempeñara una función civil.

---

[138] J.A. de los Ríos (1861); L.J. Balmaseda (1996): 95-110; Ch. Eger (2010): 563-565. A. Perea (2009).
[139] L.J. Balmaseda (1998); Ch. Eger (2010): 563-565.

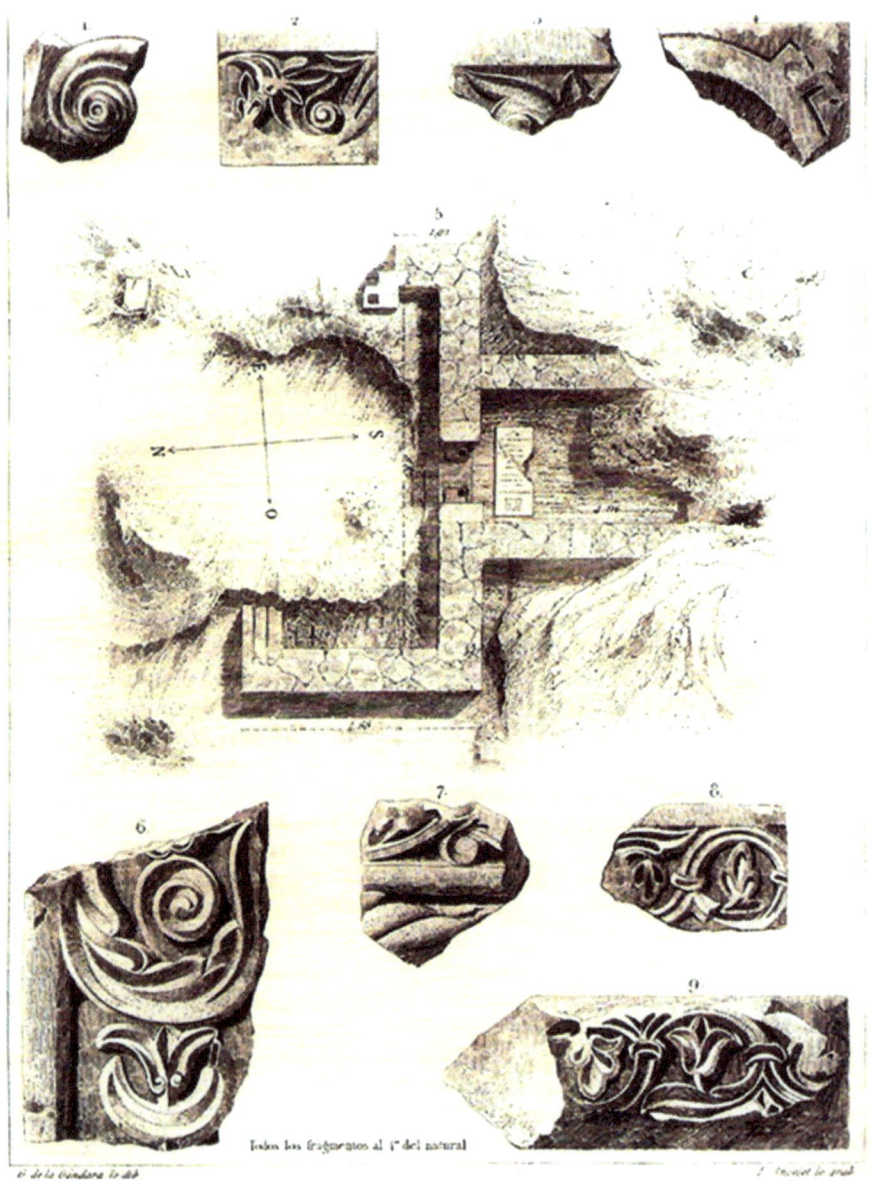

Dibujo de la capilla funeraria de Crispín y de restos escultóricos hallados por J. Amador de los Ríos en abril de 1859.

Lápida funeraria de Crispín. Museo Arqueológico Nacional.

En cuanto a los restos en sí, casi la mitad del catálogo de piezas documentadas en Guarrazar está formado por fragmentos de frisos. El uso de frisos esculpidos es un recurso muy frecuente en la arquitectura de época visigoda y se halla presente sobre todo en los edificios considerados por la mayoría de los autores como característicos del siglo VII (San Pedro de la Nave, Quintanilla, Baños). Es significativo que la mayor parte del catálogo de escultura decorativa documentado en Toledo se corresponda con este tipo de piezas, cuya función era romper la monotonía de los elementos parietales. En el caso de Guarrazar, L. Balmaseda distingue seis tipos diferentes en función de su decoración y tamaño, correspondiendo a otras tantas variantes del tema de roleo vegetal de doble tallo con nudo que encierran trifolios y palmetas. La datación de estas piezas en el siglo VII se justifica por los paralelos en el arte toledano y por las iglesias hispanogodas de referencia antes citadas, y tiene plena concordancia con la fecha *ante quem* que proporciona la inscripción del presbítero Crispín[140].

---

140 L.F. Balmaseda (2006) : 282-286; Ch. Eger (2010): 565.

Fotografía aérea del yacimiento. J.M. Rojas.

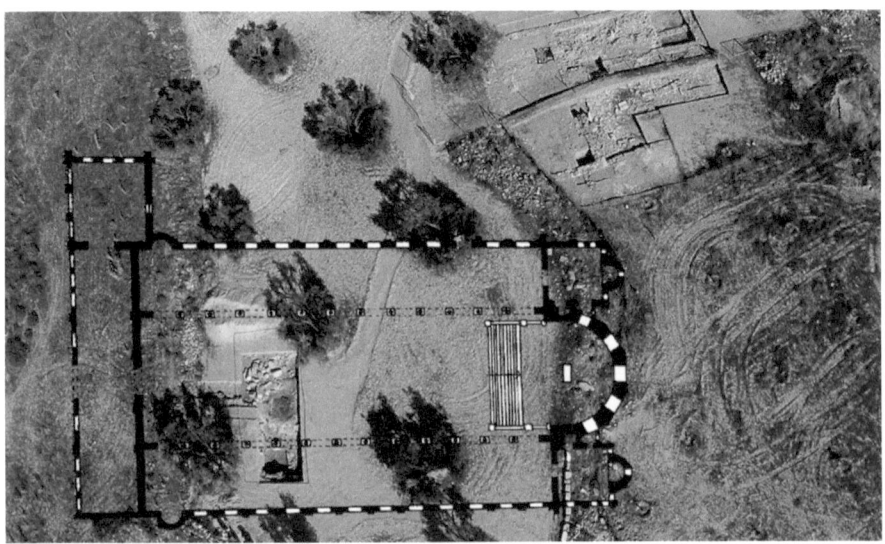

Fotografía aérea de las Áreas de excavación 1/2 y 3 (finales de 2014) con planta hipotética de una basílica. J.M. Rojas.

Imagen del proceso de excavación de los restos del edificio del Área 1-2. J.M. Rojas.

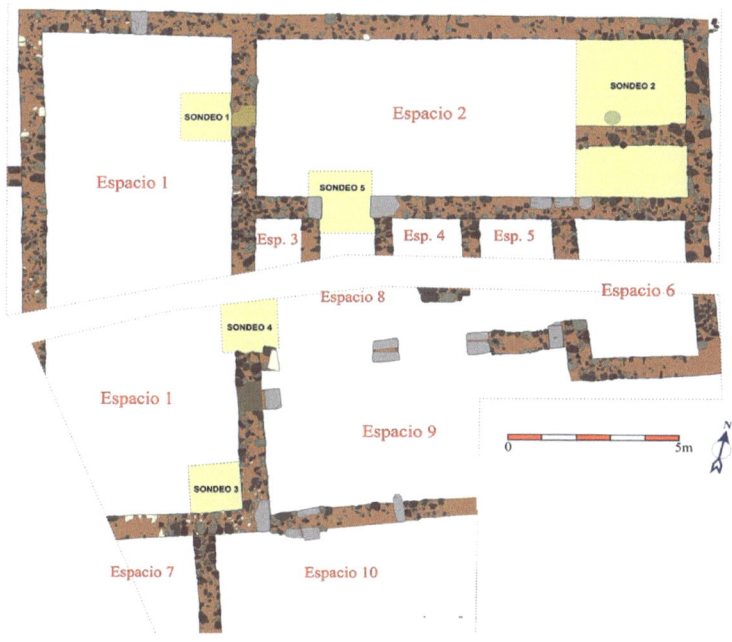

Dibujo de la planta del edificio descubierto en el Área 1-2, con localización de los sondeos estratigráficos. J.M. Rojas.

Fragmentos de frisos que decorarían la basílica. J.M. Rojas.

En cualquier caso, las prospecciones superficiales y geomagnéticas que en los últimos años están llevando a cabo el Instituto Arqueológico Alemán en Guarrazar han determinado la existencia de un importante conjunto constructivo levantado con grandes bloques de sillar. La situación de este conjunto a escasos kilómetros de Toledo (tan solo a una jornada de viaje), en un paraje bien comunicado con la ciudad además, así como las circunstancias que rodearon el hallazgo, en concreto la ocultación de una parte significativa de un tesoro vinculado a la monarquía goda ante el inminente avance musulmán, son elementos que demuestran que Guarrazar formaba parte del entorno más inmediato de la ciudad regia. Y ese es un punto esperanzador desde el punto de vista arqueológico, ya que abre la puerta a un mejor conocimiento de la antigua *ciuitas regia* visigoda y su territorio. Los trabajos del IAA han tenido continuidad en estos años por el arqueólogo toledano J.M. Rojas, quien ha excavado la planta de un gran edificio que se articula en torno a un gran patio, siguiendo modelos localizados de la Vega Baja -Área 1.2- y lo que parecen las trazas de un gran edificio de planta basilical[141].

---

141 J.M. Rojas (2014).

3. Toledo, civitas regia, espejo de las arquitecturas provinciales

Uno de los objetivos de los estudios de topografía de la ciudad antigua es contribuir al conocimiento de su historia urbana, lo que implica analizar tanto la estructura de la ciudad como su imagen, así como determinar la función particular y global de los diversos espacios que la componen. La entidad monumental alcanzada por los núcleos de población es decisiva en la definición del concepto urbano, pero lógicamente también lo es su relevancia política e institucional (civil o eclesiástica). Sobre la imagen que en la actualidad percibimos y procesamos a través del documento arqueológico respecto a cuál fue la entidad de la pervivencia de los núcleos urbanos hasta alcanzar la Alta Edad Media – sea en ciudades episcopales o no –, estudios recientes han señalado que, al margen de la transformación inicial de la ciudad clásica y de la generalización de los fenómenos que con ésta se vinculan, es imprescindible examinar otros paradigmas ya afianzados en las sociedades del siglo VII, como la nueva realidad ideológica, social, económica y territorial, y las identidades culturales. Es decir, comprobar que los núcleos urbanos reunen una serie de requisitos esenciales que la caracterizan: concentración demográfica significativa y existencia de una clara jerarquización social, desarrollo de un urbanismo y administración coherentes, variedad formal y funcional de la arquitectura pública y una dinámica económica diversificada, entre otros.

También las últimas investigaciones se han esforzado en demostrar que la realidad de las ciudades hispanas durante la Antigüedad tardía, con sus correspondientes matices y variables, no es ajena a los fenómenos de transformación urbana producidos en otros territorios del Mediterráneo occidental entre el mundo clásico y el mundo medieval. En todos ellos, el esquema reticular propio del urbanismo clásico cambia substancialmente, o desaparece, hasta llegar a definirse un nuevo concepto del espacio urbano, que gravitará en tor-

Planta de algunas de las ciudades durante la Antigüedad tardía citadas en el texto (1. *Corduba* (a partir de Murillo 2004: 52, fig. 26); 2. *Barcino* (a partir de Beltrán de Heredia 2010: 43, fig. 81); 3. *Caesaraugusta* (a partir de Mostalac y Escrivano 2009: 76); 4. *Carthago Nova* (a partir de Ramallo y Ruiz 2005: 18, fig. 1); 5. *Emporiae* (a partir de Nolla 1993: 213, fig. 1); 6. *Gerunda* (a partir de Nolla 2007: 19); 7. *Egitania* (a partir de

Gil 2010: 185, fig. 18); 8. *Emerita Augusta* (a partir de Mateos y Alba 2008: 265, fig. 6); 9. *Conimbriga* (a partir de Correia 2010: 92, fig. 2); 10. *Tarraco* (a partir de Macias et al. 2007: plano V).

no a unos nuevos referentes. Es fundamental valorar las construcciones de la arquitectura del poder, en tanto nuevos referentes territoriales y geopolíticos que anticiparán los paisajes del mundo medieval. La cronología de estas transformaciones está ligada a la dinámica propia de cada ciudad, pero la aparición de los primeros síntomas que anuncian un cambio en la estructura urbana se puede situar aproximadamente a partir de mediados del siglo III.

Recientemente, el análisis multidisciplinar de los testimonios arqueológicos e históricos de los paisajes tardoantiguos vinculados a la ciudad nos abren nuevas vías de estudio. Para entender la diversidad de una nueva organización del territorio (ciudad, suburbio y espacios periurbanos cercanos) generada a partir de la creación de las sedes episcopales, y posteriormente de la constitución del Reino Visigodo con capital en Toledo, la investigación concibe la secuencia o cadena de paisajes culturales como una suma de ambientes naturales y antrópicos, y de las relaciones económicas basadas en indicadores de intercambio y de producción. Como resultados, se persigue obtener una nueva imagen de los diferentes paisajes culturales generados desde el punto de vista histórico y patrimonial, analizando los espacios y sus estructuras desde ópticas interdisciplinares y diversificadas. Igualmente, es necesario abordar el mismo espacio en relación con la actividad humana, fundamentalmente con los datos que nos aporta la arqueología, el estudio documental y el iconográfico. Ambas realidades, física y antrópica, permitirán definir las realidades culturales pertinentes, al constituir la base de los paisajes culturales a diferenciar.

Aunque el paisaje urbano heredado, y en transformación, del mundo clásico ha sido nuestro punto de partida para comprender los cambios y pervivencias producidos en la ciudad hispana tardía, en estas líneas nos centraremos especialmente en la la fase tardoantigua caracterizada por un urbanismo discontinuo salpicado de nuevos hitos topográficos de carácter sacro que organizan la disposición y movilidad del poblamiento, y en la consolidación de nuevos enclaves representativos del poder religioso y civil. En nuestra opinión, uno de los factores que deben de analizarse es el factor espejo que genera la ciudad de Toledo, en especial, desde el acceso de la misma a la capitalidad. Imagen-espejo que se acentúa a medida que la *sedes regia* inicia su proceso de monumentalización a finales del siglo VI. Este proceso, que hoy parece postmoderno, de *imitatio* de la metrópoli, es en realidad un fenómeno rabiosamente clásico. Roma espejo de todas las ciudades del Imperio, que ha sido estudiado y cuestionado por la bibliografía del mundo romano desde hace más de tres siglos. Sin embargo, lo cierto es que la imagen de la sedes regia toletana, real o inventada, ejercerá su influencia a lo largo de la séptima centuria e, incluso, superará el final del Reino, como lo evidencia la contrucción de espacios como el Pla de Nadal o el Oviedo de la monarquía astur y el conjunto palatino del Monte Naranco.

Las evidencias del cambio

MURALLA Y PERÍMETRO URBANO

En primer lugar, en cuanto al perímetro habitado y su fortificación, recordar brevemente que numerosas ciudades hispanas disponen de una restauración o nueva construcción de sus murallas que cronológicamente suele llevarse a cabo en época bajoimperial entre los siglos III y IV (*Ebora*) o puede incluso que con posterioridad (¿*Egitania*?). La mayoría de ellas mantienen el perímetro definido por las murallas fundacionales (*Barcino, Caesaraugusta, Emerita Augusta*, etc.), implicando, en algunos casos, una progresiva reducción intramuros de la superficie urbana, a veces considerable, con respecto a la ciudad que la precede (*Carteia, Corduba, Tarraco*); en otras, sin embargo, se construyen recintos reducidos que aprovechan algunos monumentos públicos como nuevos bastiones (*Conimbriga, Valentia*), e incluso excluyen del nuevo recinto determinados sectores de la antigua ciudad romana (*Bracara Augusta, Italica, Uxama Argaela*). La contracción de la superficie habitada dentro del cerco murario altoimperial implica también, como es lógico, que ciertas áreas intramuros permanecieran bien completamente abandonadas (*Corduba*), bien desurbanizadas pero aprovechadas con otros fines, entre ellos los funerarios (*Astigi, Munigua*).

En otras ciudades, caso de *Toletum*, aún no se ha confirmado si hubo en la Antiguedad tardía una reducción de la superficie habitada respecto al área de ocupación romana, aunque parece clara la expansión por el área suburbana debido a la importancia que irá adquiriendo el espacio de Santa Leocadia en la Vega Baja. En este sentido, la creacón de espacios monásticos llevarà a utilización de espacios periurbanos como los localizados en el área cigarallera. En este sentido, senalar espacios como Guarrazar o Los Hitos están muy próximos a la ciudad. En relación a su muralla, en las inmediaciones de la actual Puerta del Sol, no habría que descartar la pertenencia de varias estructuras a la Antigüedad tardía.

Mientras que a otra dinámica responden aquellos núcleos urbanos "abiertos" o sin recinto murario durante la fase altoimperial, como la *ciuvitas Igaeditanorum* (luego obispado de *Egitania*), que se amurallan durante la Antiguedad tardía. La muralla actualmente visible en Idanha-a-Velha se levantó en un momento impreciso con material romano de expolio, que la investigación ha propuesto fijar cronológicamente entre finales del siglo III e inicios del siglo IV, aunque se pueden apreciar restauraciones más tardías de época andalusí y medieval. Se trata de un recinto fortificado con 745 m de perímetro que rodea un espacio intramuros de 5 hectáreas. Su construcción supuso una reducción de la superficie urbana altoimperial, como así parece confirmarse en su lienzo meridional que apoya directamente sobre la citada *domus* de los siglos I–II d.C., aunque aún se desconoce con exactitud la extensión que llegaría a alcanzar el área habitada y urbana altoimperial .

El fenómeno de construcción de murallas bajoimperiales, especialmente evidente en el noroeste peninsular hispano, es complejo y heterogéneo en cuanto a su diversidad tipológica, sus contextos y amplia cronología. Se ha relacionado con motivaciones militares y territoriales, pero tambien con el control fiscal y captación de la *annona*, y su circulación y distribución. No habría que descartar que estos recintos cumplieran la función de definir centros de poder surgidos en el siglo IV como cabeza de amplios territorios (*Aeminium*, *Aquae Flaviae*, *Carurium*, *Ebora*, *Ossonuba*, etc.), y dignificar su estatus urbano, a los que podría responder el caso de *Egitania*; sin prejuicio de contribuir también a proteger y encauzar la recaudación tributaria comarcal, avalada especialmente a partir del año 589 por la emisión de numerales (tremises de oro). Este tipo de funciones fiscales las deseempeñaron de igual modo aquellos *castra* tardantiguos de la periferia occidental el valle del Duero donde se han recuperado pizarras numerales que contabilizan los pagos en especies.

Parece, por tanto, que la existencia de un cinturón de murallas era precisamente el elemento que mejor definía a una ciudad frente a otras agrupaciones

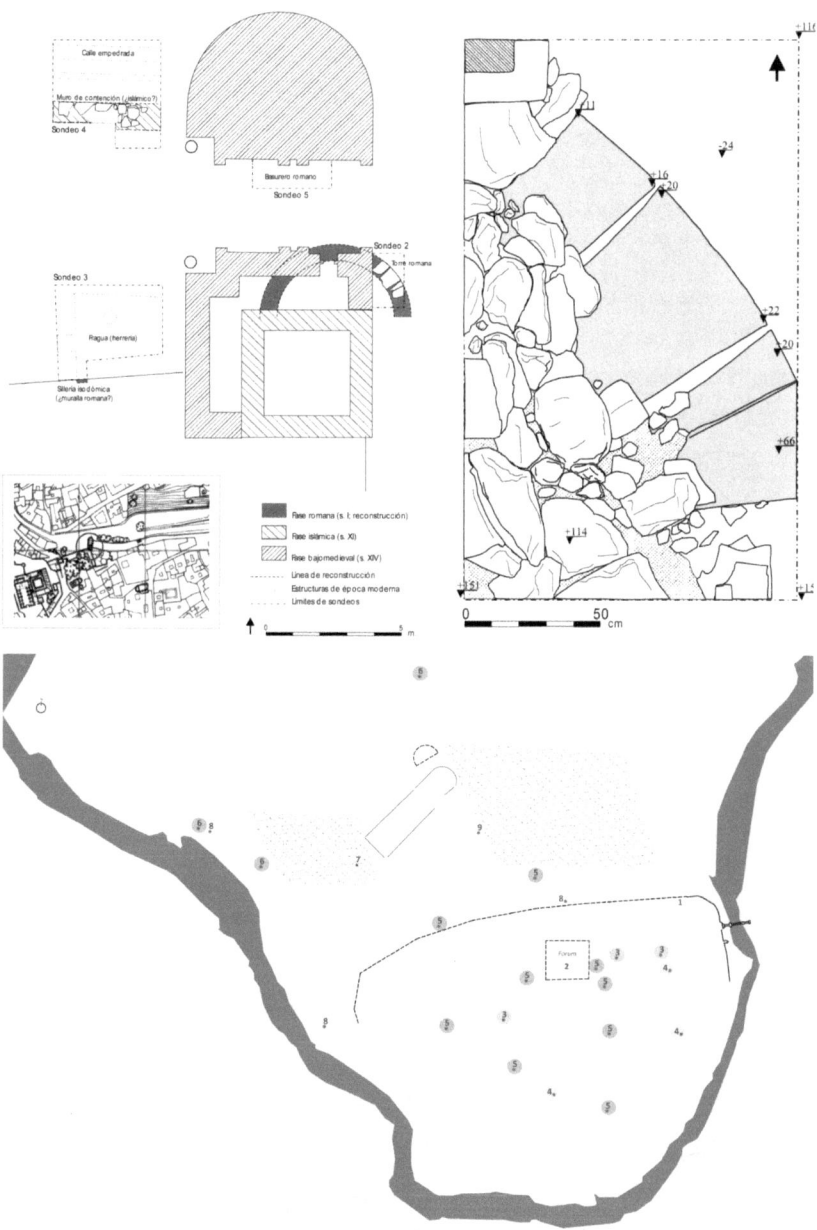

Planimetría de la puerta del sol y superposición de estructuras (según vasilis tsiolis); planimetría de la torre romana del sondeo 2 (según vasilis tsiolis); planta de toledo en época visigoda con el trazado de la muralla.

poblacionales, siendo de hecho el signo distintivo del estatus municipal. De hecho, en la Península Ibérica sobresalen algunas intervenciones urbanísticas significativas, caso de la reconstrucción de la muralla de *Emerita Augusta* según un epígrafe fechado en 483 (época de Eurico), además del puente y de otros edificios públicos (Mateos 2004: 38); y en *Carthago Spartaria*, el reforzamiento de sus estructuras defensivas que conocemos por el epígrafe del *magister millitum Comitiolus* del 580, que alude a la restauración de la muralla. Pero la evidencia material nos enseña que no se puede reducir la ciudad tardoantigua exclusivamente al espacio marcado por las murallas, es decir, utilizar las murallas como única referencia espacial, pues entendemos que la nueva liturgia estacional que emerge con la topografía cristiana contribuyó a modificar importantes conceptos de carácter topográfico y simbólico del mundo clásico inherentes a la presencia de las murallas.

Las murallas cumplían usos harto variables, unas veces de tipo meramente práctico, en relación lógicamente con la defensa del recinto urbano, pero lo más habitual es que tuvieran una función de tipo simbólico, como manifestación del estatus económico de sus élites y del rango municipal, o en relación con la tutela simbólica ejercida por sus santos patronos. Así por ejemplo, Procopio alude a la santificación de las puertas de Roma y a la construcción de pórticos que conectaban estos accesos a la *Urbs christiana* con algunos de los enclaves sacros más destacados como San Pedro del Vaticano y San Pablo *fuori le mura*. En la Península Ibérica, la Crónica mozárabe de 754, fuente relativamente cercana a los hechos, narra la restauración de las murallas de *Toletum* efectuada por el rey Wamba, quien ordenó colocar esculturas dedicadas a los santos y mártires en las torres de las puertas de la ciudad. La idea que inspira la descripción del cronista mozárabe era la imagen usual en las grandes ciudades del imperio de época tardía: un recinto amurallado circunvalado por torres y puertas monumentales. Eso mismo parecen sugerir también algunas miniaturas mozárabes (*Codex Vigilanus*, fol. 142r; *Codex Aemilianensis*, fol. 129v) y, posiblemente, unos versos de Venancio Fortunato en los que alude a las dos torres gemelas (las dos hijas de Atanagildo) que España envió a la Galia (Ven. Fort. Carm. VI 5 13–14, p. 138).

Recinto amurallado tardoantiguo de Egitania. Arriba, muralla tardoromana. Abajo, reconstrucción de la entrada al episcopio de época visigoda con torres rectangulares.

TRANSFORMACIÓN ESTRUCTURAL Y FUNCIONAL DE LA ARQUITECTURA PÚBLICA

En segundo lugar, otro de los factores que incidieron notablemente en la desarticulación urbana de la ciudad clásica es la transformación de los conjuntos monumentales y de los edificios públicos más emblemáticos. Cuando los edificios de la etapa altoimperial no desaparecen totalmente de la trama urbana, sino que se transforman toda vez que pierden su función original, el proceso más frecuente consiste en su expolio para el reaprovechamiento de material, y en una readaptación estructural de sus ambientes con fines habitacionales y/o productivos, incluso funerarios.

Como resultado del fenómeno de transformación que afectó a la mayor parte de los núcleos urbanos de las provincias occidentales, durante la Antigüedad tardía se registra también el abandono de muchos de los antiguos espacios públicos (templos y foros), al tiempo que aparecen nuevos conjuntos casi siempre, pero no exclusivamente, eclesiásticos, que ponen de manifiesto de forma ostensible el carácter urbano de las poblaciones de mayor rango. Como ya hemos comentado, esta dinámica afectó por igual a las murallas y a los inmuebles destinados a la administración del poder central visigodo, así como también el de las nuevas iglesias y catedrales, símbolos del creciente poder adquirido por la Iglesia a lo largo de estas centurias.

Relacionado igualmente con el evergetismo público está el mantenimiento de las infraestructuras públicas. La evacuación de las aguas pluviales y fecales constituía otro de los elementos definitorios de la ciudad clásica, y su abandono da la medida de la dimensión de la profunda transformación que experimenta la ciudad tardía con respecto a su antecesora. La arqueología ha evidenciado en numerosos casos que desde el siglo VI la red de saneamiento fue sustituida por la excavación de pozos ciegos, y solventando el abastecimiento de agua mediante el acopio a partir de pozos domésticos o cisternas situadas en zonas elevadas o en la acrópolis (*Tarraco*). Este hecho debe ponerse en relación con la frecuente desaparición de las termas públicas dada la incapacidad para mantener las grandes infraestructuras termales en los núcleos urbanos; mientras que la aparición o multiplicación de cisternas indicaría que los sistemas altoimperiales de abastecimiento exterior, los acueductos, han dejado de funcionar, funcionan mal o no se pueden mantener.

En *Toletum*, sobresale un conjunto de cronología altoimperial formado por cisternas, varias canalizaciones y parte de una calle (ex convento de Madre de Dios), que se mantuvieron en uso hasta un momento difícil de precisar comprendido entre los siglos IV y V, cuando se produjo el desmantelamiento y expolio de los antiguos depósitos para construir un pequeño complejo residencial. El aprovechamiento residencial, que estaría en uso al menos hasta el siglo VI, supuso al mismo tiempo la ocupación de parte del espacio público de la calle allí documentada, dando muestras del inicio de la transformación del viario y de los cambios que se iban produciendo en los valores urbanos de la propia ciudad. La progresiva ocupación de la calle, el cambio en la viabilidad y la elevación del nivel de circulación, fueron fenómenos que, si bien no son exclusivamente atribuibles a la Antigüedad tardía, sí alcanzaron un mayor desarrollo durante esta época, contribuyendo a la desestructuración de los modelos reticulares romanos y a la configuración de una nueva topografía urbana. Menor información existe para identificar la arquitectura pública propia de la ciudad de la Antigüedad tardía, salvo la arquitectura religiosa sobre las que volveremos más adelante, y otros espacios civiles, entre los que sobresale el mercado de *Carthago Nova* en el siglo V.

ESPACIOS Y FORMAS DE HABITACIÓN

Pero, en estas ciudades que se contraen y en las que frecuentemente no alcanzamos a precisar los límites exactos de la superficie que ocupan, ni todas sus oscilaciones, ¿cuáles son los nuevos espacios donde se reside y cómo podríamos definir las nuevas estructuras domésticas? El proceso de transformación urbana en este sentido, afecta, en primera instancia, a las construcciones públicas de la fase altoimperial, muchas de las cuales inician su declive desde finales del siglo III, que se aprovecharán en la Antigüedad tardía para la instalación de pequeños núcleos de habitación, que utilizan en su construcción materiales de acarreo. En segunda, afecta e implica también a las grandes *domus* urbanas. Si bien se podrían situar en el siglo IV la construcción de algunas residencias de prestigio, las principales transformaciones arquitectónicas consistieron simplemente en la monumentalización de las estancias de representación más significativas de las domus altoimperiales ya existentes.

A partir del siglo VI el cambio decisivo supondrá, en cuanto a la estructura, un abandono permante para adquirir a partir de entonces diversas funciones (funerarias o productivas); y tanto la desaparición de las estancias con función específica que caracterizaban la *domus* romana y bajoimperial (*triclinium* o *balneus*), como una compartimentación sistemática del espacio para acoger diversas viviendas de evidente simplicidad tipológica y constructiva. Aunque lo más significativo fue el uso polivalente del hábitat donde los límites entre el hogar y las actividades productivas son difusos. Recordemos el desarrollo de una intensa ocupación habitacional en la zona de Morerías (*Emeria Augusta*) y del barrio portuario y comercial de *Carthago Spartaria* establecido sobre el *macellum* del siglo V que amortizaba parte de la scaena del antiguo teatro romano.

Esta realidad que deforma profundamente el concepto de *domus* de época clásica, dista bastante de las formas de vivir de las élites tardoantiguas sobre las que el conocimiento actual sigue siendo todavía limitado, a excepción de las residencias de las élites religiosas en los grupos episcopales (*Barcino*, *Egara*, *Egitania* y *Tarraco*), y de la arquitectura residencial vinculada a la aristocracia ciudadana de los siglos IV y V, que sigue caracterizándose por la presencia de estancias y de representación, como la *Domus* de la calle Bisbe Caçador en *Barcino* y la Casa de los Cupidos en *Complutum*. También es el caso de la *domus* documentada en *Hispalis* de la segunda mitad del siglo V, que presenta un patio porticado o peristilo, al que abren las distintas estancias perimetrales a excepción de la crujía oriental que desde finales del siglo V o comienzos del VI limita con una estructura absidada de ladrillo, que seguramente cabría identificar con un *stibadium*. Además, nuevos espacios relacionados con las élites locales se han constatado en los últimos años en Sevilla. Para el resto de Hispania, cabe indicar otras residencias pertenecientes a las élites civiles en contextos suburbanos como acontece en el antiguo *suburbium* de *Toletum*, o bien en territorios dependientes, como sucede en el palacio de Pla de Nadal en relación con *Valentia*.

NECRÓPOLIS

Otro indicador fundamental para detectar y testimoniar los cambios sociales que se producen en esta época, es el panorama cambiante y dinámico que ofrece el mundo funerario. Con la Antigüedad tardía se inicia en líneas generales una descentralización de las necrópolis, ya sabida y reiteradamente señalada por la investigación nacional y europea desde hace décadas. Su origen parece estar más relacionado con el proceso general de transformación urbana que con la difusión del cristianismo. Durante su fase inicial, la reorganización de la topografía del suburbio reflejaría seguramente la complejidad y diversidad social de las nuevas comunidades ciudadanas. Sin embargo, no siempre la evidencia material es tan elocuente para poder descodificar los aspectos de índole social y religioso a los que nos referimos. Las incertidumbres existentes sobre la adscripción de las necrópolis dificultan, por lo general, establecer una dinámica concreta de la topografía funeraria que manifieste tanto una jerarquización social como un paisaje funerario que refleje el componente religioso de las estas comunidades. Aun considerando el componente religioso como uno de los factores clave en dicha transformación, la permanencia del uso de un espacio funerario no siempre implica una continuidad de las creencias religiosas, ni tampoco es normativo que una situación de ruptura espacial sea consecuencia de la existencia de nuevos grupos sociales que profesan una religión distinta. Se trata ésta de una cuestión difícil de responder, pero que en ocasiones ha sido superada y compensada con el enriquecimiento del conocimiento sobre las sociedades antiguas gracias a los avances en los nuevos métodos de excavación que incorporan la antropología forense.

Paralelamente a estos síntomas de continuidad, se produce una ruptura respecto a los usos y organización del espacio funerario que había tenido la ciudad romana. Es decir, frente a una topografía funeraria fija o poco variable, nos encontramos con una topografía cambiante caracterizada por la descentralización del lugar que tradicionalmente ocupaban las antiguas necrópolis. Este proceso supondrá el abandono de muchos de los antiguos sectores de enterramiento, generalmente vinculados a los principales ejes viarios que confluyen en la ciudad; y por consiguiente, el traslado de estos espacios cementeriales. Probablemente, todos estos cambios son consecuencia de movimientos o desplazamientos de la población, así como de la propia estrategia seguida por las diversas comunidades urbanas (avanzado el tiempo, fundamentalmente la cristiana), que buscan fijar una topografía distinta relacionada con el desarrollo de una liturgia estacional que terminará su transformación bien avanzado el siglo VI.

También varias necrópolis tardoantiguas presentan ciertas dudas sobre su adscripción, fundamentalmente por la falta de un referente constructivo relacionado con las mismas, aunque en época medieval se situarán sobre algunas de ellas construcciones religiosas. En estos casos, se desconoce cuál es el vínculo entre la fase tardoantigua y la medieval; si hubo un lugar de memoria en la necrópolis perpetuado a través del tiempo; y si este espacio de memoria estuvo señalizado por alguna otra estructura desde la Antigüedad tardía. En esta problemática se podrían enmarcar varias necrópolis documentadas en *Barcino*: una bajo el presbiterio de la iglesia de Santa María del Mar; otra en la iglesia de Sant Pau del Camp, y una última en una iglesia del siglo IX localizada en el antiguo mercado de Santa Caterina.

Plano de la Vega Baja. J.M. Rojas Edificios de prestigio de época visigoda insertos en su trama (véase supra).

Nueva sacralidad urbana

Los testimonios arqueológicos prueban que la cristianización de las sociedades urbanas responde a una transformación escalonada y de dilatada gestación en sentido diacrónico, que adquiere ritmo propio en cada ciudad; lo cual, generará una diversidad significativa en cuanto a los nuevos paisajes que quedarán definidos por la eclosión del fenómeno. La incidencia material de la religión en la trama urbana es igualmente paulatina, pues cuesta identificar una arquitectura eclesiástica monumental antes de finales del siglo IV. No obstante, los cambios más antiguos que consienten vislumbrar, o que comienzan a forjar, la primera imagen de la ciudad cristiana, se producen tímidamente en las necrópolis suburbiales a lo largo del siglo IV, vinculados a las manifestaciones del culto martirial. Es decir, el mundo funerario es el primer escenario urbano claro del desarrollo topográfico del cristianismo, y por tanto, protagonista en la creación de un nuevo lenguaje que, a través de una liturgia estacional, condicionará la imagen de la ciudad tardoantigua y preparará el paisaje de la ciudad medieval. Ya es sabido que esta peculiar estructura urbana de la ciudad

Reconstrucción de la fachada principal del palacio episcopal de la Sede Egitana, con los cuerpos adelantados en la fachada. Este tipo de edificio será común en toda la España visigoda para los edificios de prestigio, tanto civiles como religiosos.

Principales conjuntos episcopales y eclesiásticos de Hispania citados en el texto (1. *Barcino* (a partir de Bonnet y Beltrán 2005: 171, fig. 6); 2. *Egitania* (a partir de Baptista 1998: 113, fig. 5); 3. El Tolmo de Minateda (a partir de Gutiérrez y Cánovas 2009: 94, fig. 2); 3. *Tarraco* (Tabacalera) (a partir de López 2006: 276, fig. 314); 4. *Valentia* (a partir de Ribera y Rosselló 2009: 190, fig. 4); 5. *Egara* (a partir de Garcia et al. 2009: 107, fig. 203).

tardoantigua ha llevado a la investigación actual a calificarla como policéntrica por encontrarse organizada en función de los múltiples espacios sacros y nuevos centros religiosos, convenientemente monumentalizados por una nueva y propia arquitectura, que constituirán la denominada topografía cristiana de la ciudad.

ESPACIOS MARTIRIALES

La veneración del lugar de la *passio*, muerte y deposición de los mártires o de las figuras ilustres del primer cristianismo, creará nuevos polos de atracción, recuerdo y veneración, al mismo tiempo que generará nuevos espacios funerarios *ad sanctos*; en algunos casos asociados a necrópolis ya existentes, y en otros sin relación aparente con estructuras anteriores. Entre los ejemplos del territorio peninsular hispano destacan algunas ciudades por haberse documentado la formación de nuevas necrópolis al amparo de un contexto martirial y la utilización de ciertas construcciones (como *memoriae*, *martyria* e iglesias) para monumentalizar un espacio conectado con su culto[142]. La sacralidad del lugar donde surgen estas estructuras, que actúan como memoria de aquello que se venera, permanece a través de construcciones sucesivas que no pierden nunca su vinculación con los referentes de origen.

Emerita es una de las ciudades episcopales donde se constata, desde la segunda mitad del siglo IV, la creación de una necrópolis *ad sanctos* a partir de la veneración de una sepultura probablemente martirial. El *martyrium, tumulus* o *memoria* de Eulalia que citan Prudencio y Gregorio de Tours se ha querido identificar con una estructura de planta rectangular rematada en ábside que contiene varios enterramientos. Con el tiempo, hacia mediados del siglo V, este lugar llegará a constituirse posiblemente como uno de los espacios cristianos más importantes de la ciudad, recordemos el testimonio de las Vidas de los obispos de Mérida, que ensalzan su monumentalización con una nueva iglesia, construida directamente sobre la necrópolis, y engloba en el ábside el monumento retenido como el origen de toda la zona funeraria, e interpretado como *tumulus* de la mártir. En *Caesaraugusta*, se propone ubicar la basílica dedicada a los dieciocho mártires que cita Prudencio en su *Peristephanon*, en un sector funerario al Sur de la ciudad del que probablemente procedan los sarcófagos cristianos del siglo IV, conservados en la cripta de la actual iglesia de Santa Engracia. Tan sólo próxima a esta iglesia, apareció un significativo pavimento

---

[142] A excepción de las actas del martirio del obispo Fructuoso de *Tarraco* y de sus diáconos, que se adscribe a finales del siglo III, el *Peristephanon* de Prudencio, escrito a inicios del siglo V, es en Hispania uno de los testimonios hagiográficos más antiguos, y de gran valor, para conocer la existencia de algunos mártires hispanos. En esta obra se mencionan aquellas ciudades que contaron con unos mártires locales propios, a los que Prudencio dedicó una serie de himnos conmemorativos para que fueran recitados en su *dia natalis*; es decir, la festividad o aniversario del martirio.

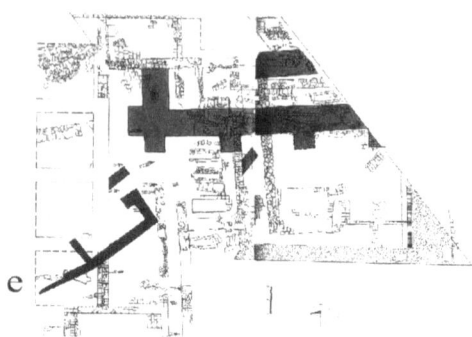

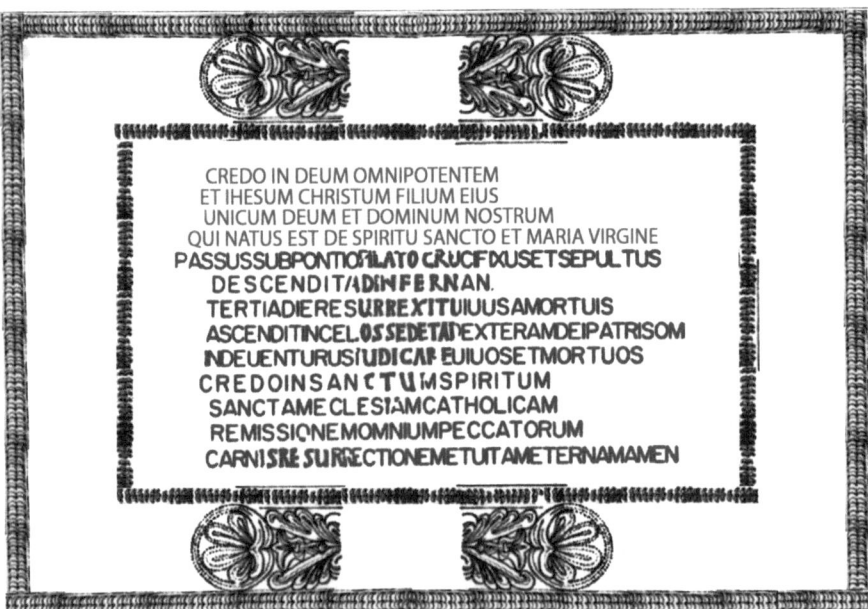

Arriba: edificio excavado por Palol en la Vega Baja que se asocia con la basílica de Santa Leocadia. Placa-Nicho con Crismón. Abajo: Credo epigráfico. localizados en el Crsito de la Vega.

de mosaico que debió pertenecer a un edificio relevante, de planta central, en el cual, se ha tratado de reconocer desde una *domus* tardía a un oratorio, *memoria* o *martyrium*, pero no se constataron enterramientos vinculados con esta construcción. Una iconografía similar al suelo de mosaico citado, en este caso relacionada directamente con un contexto funerario *in situ*, presenta una lauda sepulcral de mosaico constatada en *Barcino* en el interior de un edificio readaptado con fines funerarios, que pertenecía a una *villa* altoimperial. Este edificio parece ser un mausoleo utilizado por las élites urbanas. Cabría resaltar aquí la posición privilegiada de los individuos enterrados, que tal vez son *ad sanctos* si aceptáramos, por un lado, identificar esta construcción con una *cella memoria* y por otro, que la sepultura que está cubierta por el mosaico conmemoraa un personaje destacado de la comunidad local, y que es ésta la que atrae a todas las demás.

La dependencia de un primitivo culto martirial podría argumentarse también en una necrópolis ubicada junto a una vía al noroeste de *Hispalis*. Desde el siglo V, la necrópolis se caracteriza por la presencia de una arquitectura funeraria monumental, es decir, el uso de mausoleos compartimentados que albergan varias inhumaciones, algunos con estructuras absidadas, y la existencia de sepulturas cubiertas por *mensae* de planta rectangular son tipologías más que frecuentes. En esta fase sobresale un monumento con un ábside de planta poligonal orientado al Oeste y con cripta, pero donde no se han encontrado enterramientos. En la memoria histórica de la ciudad se ha mantenido la sacralidad de este lugar vinculada con la *passio* de las santas hispalenses, y en concreto con la existencia de la iglesia que se construyó en la necrópolis donde el obispo Sabino dio sepultura a las mártires Justa y Rufina. Una tradición que tras el descubrimiento de la necrópolis ha cobrado más fuerza, pero por el momento, estos son los únicos datos disponibles que no permiten realizar con toda certeza tal identificación, entre fuentes escritas y arqueología, aunque es una de las hipótesis interpretativas.

Una documentación igualmente significativa ofrecen otras ciudades en las que la sacralización de unos determinados lugares que son escenario de un martirio, y la aparición de necrópolis que se les asocian, ilustran perfectamente el cambio en la funcionalidad de los edificios más emblemáticos del urbanismo altoimperial, y su transformación en los nuevos referentes sacros de la topografía tardoantigua. La primera necrópolis intramuros de *Valentia* se establece en la segunda mitad del siglo V, junto a los escombros de un edificio tardoimperial al sudeste del foro. Las tumbas se organizan alrededor de la supuesta celda donde la tradición sitúa la presencia del mártir San Vicente antes de morir. Durante la fase episcopal ya en el siglo VII, la sacralización de este espacio retenido como escenario martirial –esto es, al Norte de la catedral y del baptisterio–, se reafirmará posteriormente con una construcción de la que se conoce este ábside con planta de herradura, que actúa como *memoria* sobre el lugar que suscita devoción, al mismo tiempo que promueve una urbanística específica.

Ampurias ofrece un panorama rico en información porque son varias las iglesias construidas en ambientes funerarios, muchas de las cuales se mantienen en época medieval a través de nuevas construcciones. Pero con respecto a la necrópolis de la Neápolis cercana al puerto, que se forma en la segunda mitad del siglo III, no parece que su origen ni el de la iglesia posterior, dependa exactamente de la presencia de una sepultura martirial. Con el tiempo, la iglesia, cuya construcción se establece en torno al 400, sí parece modificar la organización de la necrópolis inicial, existen varias fases y en un segundo momento, se dispondrá una sepultura principal ante el ábside. En *Tarraco*, la reexcavación de la iglesia del anfiteatro permite justificar la exacta ubicación topográfica de un escenario martirial, irremplazable, así como definir con precisión la función de la estructura documentada. El espacio dedicado al culto martirial se hace coincidir aquí con el lugar donde exactamente condenaron al obispo Fructuoso y a sus diáconos († 259), pues los cimientos de la parte occidental de la iglesia se ubican en el foso de la arena del anfiteatro. Por su parte, la interpretación del conjunto del Francolí como basílica martirial ha estado en cierta manera condicionada y sujeta a la recuperación de un epígrafe muy fragmentario donde se citan los nombres de los tres mártires de *Tarraco* [*...Fru*]*ctuosi Au*[*gurii et Eulogii*]. Según Y. Duval no se puede considerar el epitafio de los mártires sobre sus tumbas, además porque se fecha en el siglo V (Duval 1993: 175). Pero sí probablemente, como perteneciente a una *memoria* en la que podrían hallarse algunas de sus reliquias. Por otra parte, la epigrafía funeraria recuperada en el interior de la iglesia contiene expresiones como *in sede sanctorum*, que debe aludir a la presencia de unos restos que se veneran, e *in sancta Christi sedes*, que estaría haciendo referencia a un edificio de culto eucarístico.

No debemos olvidar la valoración que se ha hecho en repetidas ocasiones de los restos de una construcción monumental hallada junto a la iglesia del Cristo de la Vega en Toledo, en el suburbio, al Oeste del antiguo circo romano, que se ha propuesto identificar con la iglesia de Santa Leocadia. Desde finales del siglo VI toda la zona suburbana estuvo afectada por una amplia remodelación urbanística como consecuencia de la revalorización de un pequeño culto local

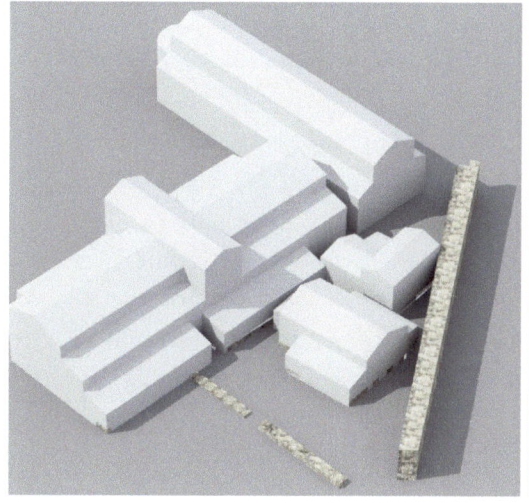 

Propuesta de reconstrucción del episcopio Egitano y fotografía aérea.

destinado a perpetuar la memoria de la virgen y *confessor* Leocadia. Diversas actuaciones arqueológicas evidencian que alrededor del lugar donde se profesaba culto a la mártir local se expandió una nueva área funeraria a lo largo de los siglos V–VII. Ya en el siglo IX, Eulogio de Córdoba informa que el rey Sisebuto (612–620) ordenó construir la basílica martirial de Santa Leocadia en el año 618 (Eulog. Cord. *Apol.* 16, ed. J. Gil, *CSM* II, p. 483s). Dado el carácter funerario de este espacio y la fama que habría de alcanzar posteriormente la santa, resulta difícil pensar que no existiera monumento alguno que recordara a Santa Leocadia antes de esa fecha, siendo muy probable que el monarca sólo acometiera la remodelación y monumentalización de una antigua *cella memoriae* o *martyrium* para hacerlo más acorde con la importancia que había adquirido su culto en Toledo y su papel como patrona de la *regia sedes*. Sea como fuera, diversas fuentes resaltan la función de esta basílica como sede de reunión de varios concilios, así como su marcado carácter funerario de prestigio al acoger las sepulturas de varios monarcas y obispos.

La tradición identifica esta basílica del suburbio de la sede regia visigoda con el lugar que hoy ocupa la ermita del Cristo de la Vega de Toledo, cercana a la cual se documentó una potente fábrica considerada perteneciente a un edificio de carácter áulico. A raíz de la aparición de los restos de esta construcción monumental se ha supuesto la ubicación de un primer edificio martirial dedicado a Santa Leocadia, posiblemente sustituido e incluso desmontado con posterioridad por la iglesia palatina *apud urbem toletanam*, restaurada por Sisebuto en 618. Las estructuras documentadas en la excavación de Palol no pudieron ser fechadas con precisión, pero si consideramos la tipología de la planta del propio edificio, que emplea un significativo sistema de contrafuertes, la reutilización de material romano expoliado procedente del circo, y la superposición sobre la misma de una densa necrópolis mozárabe, posiblemente podamos concluir que el monumento primitivo sería cronológicamente anterior a la decoración y epigrafía tardoantiguas recuperadas en el entorno del Cristo de la Vega, que deberíamos adscribir, sin embargo, a la iglesia de época visigoda. Parece factible plantear que la construcción monumental excavada en la Vega Baja fuera la propia basílica de Santa Leocadia, tal como propuso en su día L. Balmaseda, pues su estructura parece sugerir una planta tipo *martyrium* al estilo de San Antolín de Palencia o La Alberca, de manera que sirviera como modelo de lo que posteriormente será la cripta de Santa Leocadia en Oviedo.

El conjunto de Santa Leocadia de *Toletum* se sumaría a otros ejemplos peninsulares del siglo VI bien documentados y conocidos, cuyos suburbios se monumentalizaron mediante nuevos complejos de carácter martirial. Junto al grupo episcopal intramuros, estas edificaciones sacras y áulicas focalizarían la actividad urbana de las capitales de la Hispania tardoantigua. Por lógica, el conjunto de Santa Leocadia de Toledo sería uno de los de mayor prestigio de toda Hispania, teniendo en cuenta la condición de *sedes regia* de la ciudad, y ese prestigio se trasluce también en el hecho de que su erección fuera considerada un importante hito histórico en diversas fuentes postvisigodas y llevando incluso el origen (inventado) del templo a tiempos de las persecuciones de Diocleciano, en la llamada *Crónica del Moro Rasis* y en la *PseudoIsidoriana* (*Crónica Pseudo–Isidoriana*, 7, ed. Th. Mommsen, 1894, p. 382).

CONJUNTO EPISCOPAL

Buena parte de los estudios realizados sobre la ciudad tardoantigua, se han centrado en la investigación del episcopio como principal motor de la estructuración de la ciudad cristiana, interesándose por comprender su complejidad monumental y su topografía. En Hispania, el descubrimiento de nuevos contextos episcopales, y la reexcavación de otros ya conocidos o localizados, ha comportando un avance considerable en la investigación del referente monumental más importante en el proceso de consolidación de una nueva arquitectura pública de carácter religioso. En el siglo IV ya disponemos de testimonios relativos a la existencia de comunidades cristiana organizadas en torno a la figura de un obispo, y se documentan estructuras episcopales a finales del siglo IV, caso del primer baptisterio de *Barcino*. Pero con carácter general, los cambios más significativos detectados en los episcopios peninsulares se producen entre la segunda mitad del siglo VI e inicios del siglo VII, es decir, cuando se consolidan la estructura estatal de la monarquía goda y con ella la red de obispados a raíz de la reunión del III concilio de Toledo en 589.

Como valoración inicial tenemos que aceptar que los restos materiales evidenciados en la actualidad son mínimos, si los confrontamos con la información derivada de las fuentes escritas, sobre todo por lo que se refiere a la situación geográfica de las sedes episcopales y al momento de su creación. El conjunto de testimonios disponibles parece indicar que la nueva configuración eclesiástica incial del territorio parte de las ciudades. Una realidad que se transforma progresivamente a lo largo del siglo V con la aparición de nuevos *episcopia* en núcleos menores ubicados junto a importantes vías de comunicación.

Frente a las primeras sedes episcopales que mantuvieron los límites territoriales de ciudades romanas con plena continuidad urbana, se constituyeron nuevas diócesis en *ciuitates* que habían desaparecido como núcleo urbano, como fue el caso de *Emporiae*, aunque la ciudad debía subsistir como entidad administrativa con su propio *territorium*. *Urgellum* es otro buen ejemplo de obispado no urbano creado en el siglo VI que se aleja del concepto de diócesis estándar de fechas precedentes. Su aparición debe entenderse también en función de la continuidad de una estructura territorial vigente. En el mismo grupo cabría situar una serie de sedes episcopales que nacen en el marco de la reactivación urbana emprendida por parte del Reino Visigodo en enclaves de especial relevancia para el control del territorio. Se trata de antiguas ciudades romanas aparentemente sin continuidad, o con una ocupación mínima que no alcanzamos a evaluar en términos urbanos, que se reactivarán con la instalación del grupo episcopal. Una situación que parecen reflejar como la ciudad–frontera de *Begastri*, donde las referencias relativas al grupo episcopal son por ahora sólo textuales y epigráficas (CIL, II, suppl. 5948), y el complejo eclesiástico monumental de *Ilunum*, si admitimos su interpretación episcopal.

La topografía de los *episcopia* durante la Antigüedad tardía estuvo razonablemente sujeta no sólo a las particularidades topográficas, sino también a toda suerte de condicionamientos sociales, políticos y económicos, intrínsecos de cada ciudad y existentes en el momento de proyectar el conjunto cristiano.

En relación a su irrupción en el paisaje urbano, la mayoría de los ejemplos hispanos se ubican tanto próximos a la muralla (*Barcino*, *Egitania*), como céntricos, junto o en el foro (*Valentia*), así como probablemente extramuros relacionados con espacios funerarios más antiguos, siguiendo una dinámica muy similar a la que presentan otros *episcopia* del Occidente romano. La ubicación perífica intramuros probablemente podría indicar que los espacios públicos altoimperiales, centrales y bien posicionados, continuaban vigentes, aunque tan sólo fuera en el imaginario colectivo de sus habitantes. Esta localización se ha utilizado como argumento para defender la relativa antigüedad (es decir, entre el siglo IV e inicios del V) de este tipo de episcopios con relación a otros de cronología más avanzada que presentan la ubicación del grupo episcopal en el centro monumental altoimperial, lo que sugiere un momento en el que el foro y sus espacios aledaños habrían perdido completamente su función original o al menos comenzado ya un proceso de abandono.

Por un lado, como ejemplo menor conocido frente a otros espacios monumentales hispanos definidos en *los episcopia* de *Barcino* y *Valentia* en la franja oriental peninsular, nos detendremos geográficamente justo en la zona oriental opuesta para tratar, en concreto, la estructura que acogió a partir del siglo VI la sede episcopal de *Egitania* (*conventus emeritensis*, *Lusitania*) donde desarrollamos un proyecto de investigación[143]. Como se ha podido comprobar también en otros casos hispanos, *Egara*, *Oretum*, ¿*Urgellum*?, el origen catastral inmediato del conjunto episcopal de *Egitania* parece estar en la existencia de un edificio de culto con espacio bautismal propio (primer baptisterio) que posteriormente – más de un siglo después – es sustituido por un nuevo conjunto

---

[143] Proyecto «IdaVe» Idanha–a–Velha (Portugal). Topografía urbana de una ciudad de referencia para la organización eclesiástica de Hispania. Un valor cultural único en la Península Ibérica (www.proyectidave.com), que se enmarca en el Plan de Proyectos de Investigação Plurianual de Arqueología (PIPA 2012-2016), aprobado por la Direçao-Geral do Património Cultural de Portugal y la Direçao Regional de Cultura do Centro.

eclesiástico relacionado con la sede episcopal. Uno de los aspectos a recalcar en el caso egitano es la transformación monumental del espacio hasta constituir un complejo compacto bien definido y cerrado dentro de la propia ciudad amurallada.

Del episcopio tardoantiguo se constan, por un lado, una segunda piscina bautismal de planta cruciforme localizada al sur de la Sé y, por otro, múltiples estructuras, pertenecientes muy probablemente a edificios distintos, pero que durante su excavación, así como en la investigación posterior, se han interpretado unitariamente como la residencia del obispo. La proyección de esta nueva piscina en la segunda mitad del siglo VI, que se ubica en posición simétrica a la estructura bautismal más antigua, al mismo tiempo que se anexiona a otra importante construcción del conjunto tardoantiguo, supondría razonablemente el cese o al menos una restricción de la función bautismal de aquélla piscina fundacional que, con la ampliación del conjunto eclesiástico con motivo del ascenso de *Egitania* a sede episcopal, quedaría en una posición apartada del nuevo circuito de distribución de los espacios litúrgicos. En el sector suroccidental del episcopio, justo frente al baptisterio, se encuentra la tercera construcción del conjunto episcopal que ha podido ser identificada a partir de la digitalización con láser escáner de las estructuras exhumadas. Se trata aparentemente de una gran sala rectangular definida por la presencia de una hilera de pilastrones macizos interiores que la dividen en dos naves paralelas e iguales. Se desconoce la funcionalidad de este edificio levantado junto a la iglesia, dado que como el resto del conjunto no ha sido completamente excavado, pero su modelo de ordenamiento espacial permite adscribirlo a la serie de aulas de dos naves que cumplen diversas funciones, entre ellas de almacén. Este conjunto se completaría con otras construcciones, como la *domus episcopalis*, posiblemente ubicada y enmascarada en la fábrica de la Sé de Idanha–a–Velha, que en su estado actual es a una reconstrucción de finales de la Edad Media de una iglesia del siglo XII. El edificio medieval reutiliza material romano y tardoantiguo y asienta sobre varias hileras de sillares que recorren todo el perímetro del edificio. Éstas sí podrían definir una estructura anterior de planta rectangular y grandes proporciones, y con una división interna en tres naves, cuyo esquema arquitectónico, de ser coetáneo al resto del episcopio, podría enmarcarse dentro de la arquitectura residencial tardoantigua, en este caso, asociada a la figura del obispo. Un último espacio es el que planteamos interpretar como edificio de culto tardoantiguo (¿capilla?, ¿memoria? u ¿oratorio?). Es un edificio de planta rectangular longitudinalmente dividido en tres naves estrechas, de unos 2 metros, por dos filas de soportes con cinco tramos arcuados, en sentido este–oeste. Al margen de los pilares que están al completo, se han conservado tres arcos de herradura en su sector occidental (cegados en un momento posterior), puesto que en realidad está prácticamente arrasado y enmascarado por ocupaciones más modernas de carácter doméstico que han dificultado conocer su estructura original. En este sentido, no conocemos el *sanctuarium* porque en su lugar se insertó una unidad de habitación, de la que se desconoce su cronología, pero es idéntica al tipo de vivienda tradicional que se conserva en la aldea actual. La campaña de excavación que realizamos en 2014 en el ángulo suroccidental de la nave lateral sur y en el límite occidental de la nave central ha permitido completar la secuencia estratigráfica de este espacio urbano y conocer el sistema de cimentación de los pilares cuadrangulares de sillería de la iglesia o capilla. Los pilares de sillares de granito con la arquería y sus zapatas de cimentación pertenecen a un edificio de cronología tardoantigua o altomedieval (siglos VII-VIII) que se encuentran afectados, por un lado, por la excavación de un silo-vertedero andalusí, y por otro, apoyan y/o cubren niveles bajoimperiales.

Por otro lado, recientes investigaciones hacen hincapié en que la ubicación del conjunto episcopal tiene más que ver con las estructuras precedentes, existentes en el espacio ocupado, que con la topografía misma de la ciudad clásica. Esta situación obliga a replantearse, o a dar más fuerza si cabe, a la existencia de conjuntos episcopales extraurbanos e igualmente construidos sobre espacios funerarios. En este sentido, en *Complutum*, *Gerunda*, *Valentia*, y posiblemente en *Tarraco*, se elige un lugar donde existe un componente martirial; pero podría ser el caso también de *Emporiae*, si se corrobora la hipótesis de que el baptisterio documentado en el territorio inmediato a la antigua ciudad romana, y los sepulcros que lo rodean, corresponde al grupo episcopal. Y del mismo modo, en *Egara* como precedente del espacio episcopal, se documenta una necrópolis de la primera mitad del siglo IV, a la que se asociará un edificio de culto cristiano, el mismo que posteriormente se transformará en la iglesia episcopal a mediados del siglo V.

Siendo consecuentes con el panorama analizado, el soporte o el marco espacial en el que se instauran las sedes episcopales en Hispania es heterogéneo. Este soporte/marco oscila desde un contexto urbano de características variables – dentro de lo que puede considerarse urbano en la Antigüedad tardía –, hasta un espacio o lugar prácticamente sin entidad definible, por lo menos como estructura visible y evaluable desde el punto de vista arqueológico. *Segobriga*, *Uxama Argaela* y *Valeria*, entre otros, ¿qué entidad tienen como centros urbanos durante la Antigüedad tardía más allá de su antigua entidad monumental? En este otro extremo están las sedes que se implantan sobre estructuras rurales (*Urgellum*, *Dumio*, *Britonia*), que en algunos casos puede tratarse de unas estructuras de propiedad o de explotación definidas, pero en otras, ni siquiera disponemos de este dato.

INHUMACIONES INTRAMUROS

Directamente relacionadas con el afianzamiento de los distintos procesos de transformación y con la formación de un nuevo paisaje urbano, génesis de la ciudad medieval, hay que enmarcar las denominadas sepulturas urbanas o intramuros. Su documentación, si bien puede responder a realidades diversas de muy distinta naturaleza[144], aunque seguramente prevalezcan las propias creencias religiosas, parece ser un indicio más de la pérdida definitiva del significado prístino del antiguo *pomerium* así como la anulación de su sacralidad, que en la ciudad tardoantigua es sustituida por los nuevos elementos sacros que definen el espacio urbano. La generalización de este fenómeno, que en algunos lugares se inicia en la segunda mitad del siglo V y culminará con la constitución del cementerio parroquial en época medieval, ha suscitado paralelamente el debate en torno al devenir de estructuras de prestigio tan relevantes en la ciudad romana como son las murallas.

El deseo de los fieles de descansar *ad sanctos* supondrá, incluidas las iglesias episcopales, una nueva relación entre vivos y muertos desconocida hasta en-

---

[144] Esta situación también es producto del abandono de un sector de la ciudad romana y de la consecuente reducción del perímetro de la ciudad tardoantigua en relación a la anterior. Con lo cual, las nuevas necrópolis siguen estando fuera de la nueva ciudad. Un ejemplo de ello se comprueba en la propia *Carthago Nova*, donde se configura una extensa necrópolis en la parte occidental, que amortiza múltiples estructuras (*domus* y calzadas) correspondientes al trazado urbano de época clásica.

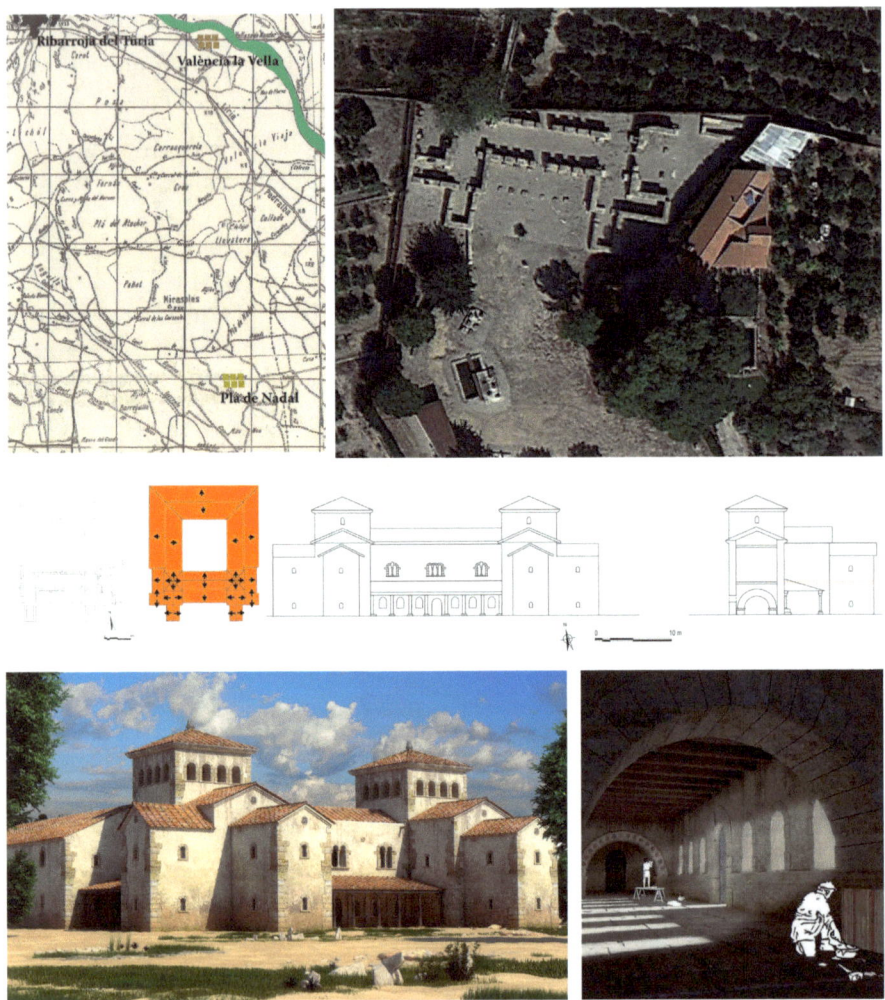

Localización y fotografía aérea del conjunto palatino de Pla de Nadal; reconstrucción de los alzados, según Isabel Escribá; reconstrucción de la fachada principal y de la planta inferior.

tonces entre las costumbres de los primeros tiempos cristianos, demostrando que existe un vínculo entre lugares de conmemoración martirial y centro episcopal. Por un lado, en algunas ocasiones parece evidente la atracción que ejerce el propio conjunto episcopal para el establecimiento de una necrópolis en su espacio de influencia, como sucede en *Barcino*, donde los enterramientos se disponen en el baptisterio, en los pórticos y accesos al recinto episcopal, y junto a un edificio sacro; en *Tarraco*, se documentan varios enterramientos en el recinto superior intramuros donde está el episcopio del siglo VI, aunque aún no se conoce la iglesia episcopal; y en *Valentia*, donde la presencia de un lugar martirial pudo condicionar la ubicación del conjunto. Por otro lado, de los avances logrados en el conocimiento de otras ciudades hispanas, se deduce que la generalización de las necrópolis urbanas responde a una práctica frecuente derivada, o no, de la conmemoración martirial, y tiene su explicación al margen de la ciudad episcopal. Ciudades que son *municipia* en época altoimperial, que no alcanzan el rango episcopal, presentan como elemento común la aparición de enterramientos en los centros monumentales de época altoimperial, como en *Carteia*, *Clunia* y *Pollentia*. Y en algunos casos, en ciudades con continuidad, las tumbas se encuentran donde siglos después se establecerá la parroquia medieval, como en *Iluro*, *Iesso* y *Baetulo*.

Volvemos a recordar aquí la interconexión espacial existente entre arquitectura sacra y espacios funerarios, así como el diálogo constante que éstos mismos mantendrán hasta entrado el Medievo dentro de la evolución y estructuración de la propia ciudad. Y destacar una vez más que, en todo este proceso de gestación de los nuevos espacios urbanos, el valor de la relación de las necrópolis con las estructuras religiosas, en tanto precedente catastral, debió de ser necesariamente muy elevado, cuando la topografía funeraria parece primar por encima del «valor urbano» en el momento de ubicar las estructuras que determinarán el centro de poder eclesiástico de la ciudad tardoantigua y el paisaje de la futura ciudad medieval.

Arquitectura residencial tardoantigua

En la Península Ibérica se han definido una serie de edificios de cronología y funcionalidad diversas, entre ellas las residenciales, administrativas y de representación, vinculadas a los espacios de poder, de las élites civiles, militares y a las nuevas monarquías sueva y visigoda. Se ubican intramuros, pero también el los *suburbia* de las ciudades, espacios periurbanos y territorios más cercanos a éstas. Es el caso del complejo de Falperra cerca de *Bracara Augusta*, la fundación regia y *ex novo* de *Reccopolis*, palacio episcopal de *Barcino*, edificios de la Vega Baja de Toledo, Pla de Nadal (Valencia), y las construcciones de

Mérida (Alcazaba y la casa A de Morería), denominadas palacetes o viviendas señoriales de los siglos VIII-IX. Salvo el "palacete" de la Alcazaba de Mérida que se sitúa sobre una *domus* bajoimperial y reaprovecha sillería romana de granito en su fábrica, se trata de edificios de nueva planta que presenta una clara jerarquización de los espacios en función de la funcionalidad de cada uno de ellos (residencial y administrativa).

El conjunto de mayor antigüedad podría localizarse en Santa Marta de Cortiças de Falperra (Braga) de los siglos V-VI. Está constituido por varios edificios, entre ellos un aula de planta basilical (Real 2000: 25), y una construcción de planta rectangular de unos 30 m de longitud dividida en dos naves por una hilera de siete pilares internos y contrafuertes exteriores adosados a su fachada sur. Sufrió una destrucción violenta en el siglo VI.

La *sede regia toletana*, su territorio, y las zonas peninsulares que estaban directamente bajo la influencia y control del Estado, han ofrecido interesantes materiales relativos a la arquitectura residencial tardoantigua. El registro arqueológico y textual confirma la existencia de un proceso de monumentalización de a lo largo del siglo VII, en el que intervinieron como agentes las élites laicas y eclesiásticas. Visualmente, este tipo de procesos se identifican en el paisaje con la aparición de nuevos referentes arquitectónicos como fueron los conjuntos monásticos, funerarios y civiles. Estos programas edilicios que surgen ante una nueva realidad económica e ideológica se convirtieron en la imagen patente de la monarquía visigoda y de la jerarquía religiosa.

En la capital se levantaron varios complejos relacionados con la presencia de la corte, como el *pretorium* o palacio visigodo que, junto a la iglesia de los santos apóstoles, conocemos por las fuentes escritas, aunque por la decoración escultórica recuperada en la puerta-puente de Alcántara, y por criterios topográficos, proponemos situar intramuros en el lugar que más tarde ocupará el alcázar islámico y medieval. También sobresale una intensa ocupación extramuros en la Vega Baja, donde se constatan varios conjuntos tardoantiguos de tipo residencial. Algunas de las construcciones constatadas recientemente, que son extensas propiedades con su propio recinto o cercado, han permitido definir varios espacios de representación que tienen claros paralelos con las construcciones localizadas en diferentes zonas peninsulares y que en *Toletum* deben entenderse como la continuidad de una ocupación residencial privilegiada o aristocrática ahora relacionada con la presencia de las élites tardoantiguas (altos funcionarios) de la corte. Otra buena muestra de ello es la habitual presencia de baños y espacios termales documentados en este sector. Nos referimos en concreto a las estructuras de la calle San Pedro el Verde, con paralelo en la *pars urbana* de la *villa* del Saucedo, y a un edificio residencial de prestigio cuyo modelo es también casi idéntico los citados edificios emeritenses.

Los edificios emeritenses de cronología tardoantigua o emiral tienen un espacio rectangular central divido en dos naves por una hilera de columnas (posible cubierta de armadura de madera a dos aguas), machones interiores y sus correspondientes contrafuertes exteriores. Se trata de nueve edificios instalados y cortando el vertedero formado en el siglo VIII tras la destrucción de las casa adosadas a la murallas a principios del siglo VIII para la defensa de la ciudad (Mateos y Alba 2000: 156). Todas las plantas son diferentes pero tienen un eje de simetría y axialidad común, con una dependencia longitudinal central, y ausencia de patios. Material de expolio romano para su alzado y cimentación, con suelos de tierra batida y ladrillo, y cubiertas de *tegulae*. Dos alturas, y contrafuertes al interior y exterior, que se repite en el edificio tardoantiguo localizado junto al denominado Templo de Diana de Mérdia, con sillares romanos retallados para igualar las hiladas.

El sistema de axialidad de los conjuntos citados, la distribución de dos pisos en altura -destinado el superior a residencia y representación-, así como la presencia de pórticos y pilares adosados a las fachadas exteriores podrían relacionarse con otras construcciones próximas a prestigiosas ciudades episcopales. Nos referimos al palacio del *dux* Teodomiro identificado en Pla de Nadal (Riba-roja de Turia, Valencia), y las estancias centrales documentadas en complejos militares como el de Sant Julià de Ramis (Gerona) que controlaba el paso de la *Vía Augusta* a las Galias.

Finalmente, la arquitectura áulica realizada desde la consolidación del reino visigodo de Toledo a mediados del siglo VI hasta su colapso en el VIII, estableció una serie de tipologías y modelos constructivos que tuvieron una gran trascendencia en las construcciones posteriores. Para restituir la imagen proyectada por la ciudad tardoantigua que desarrolló un paisaje cultural propio en torno al entramado de nuevos edificios públicos (eclesiásticos) y privados, es necesario, por tanto, identificar la arquitectura que produce en su conjunto el cristianismo y las élites civiles para poder contextualizar y explicar el significado de la ubicación de los edificios -su topografía-.

A pesar de los problemas de visibilidad que en la actualidad presentan estas edificaciones para la arqueología, los ejemplos documentados permiten concluir que las elites tardoantiguas buscaron, como lo harían en otras épocas, un protagonismo en el paisaje mediante la construcción de nuevas edificaciones de prestigio. Nuevas en cuanto a la funcionalidad que desempeñaron, así como en las técnicas y soluciones constructivas empleadas.

 *Bibliografía*

Fuentes

Claud. Pan. de quarto cons. Hon. =ed. Theodor BIRT, Claudii Claudiani Carmina, en MGH Aa 10, Berlín 1892.

Chron. Alb. =ed. Juan GIL et al. Crónicas Asturianas. Oviedo, 1985.

Chron. Muz. =ed. Juan GIL, CSM I, Madrid, 1973.

Crónica Pseudo-Isidoriana =ed. Theodor MOMMSEN, MGH Chron. Min. 11.2 Berlín, 1894.

Crónica Rasis =ed. Diego CATALÁN – Mª. Soledad DE ANDRÉS, Crónica del moro Rasís. Fuentes cronísticas de la Historia de España vol. 3 Madrid, 1975.

Eug. Tol. Epigram. =ed. MIGNE PL 96.

Eug. Tol. Carm. =ed. Fridericus VOLLMER, MGH Auct. Ant. 14, Berlín, 1905.

Eulog. Cord. Apol. =ed. Juan GIL, CSM II.

Fel. Tol. Vita S. Iul. =ed. MIGNE, PL 96.

LO =Marius FEROTIN, OSB. Le Liber Ordinum en usage dans l'Église wisigothique et mozarabe d'Espagne du cinquième au onzième siècle. Reimpresión de la edición de 1904 (reed. Anthony WARD, SM – Cuthbert JOHNSON, OSB. Bibliotheca & Ephemerides Liturgicæ. Subsidia. Instrumenta Liturgica Quarreriensia. CLV. Roma 1996).

Hild. Tol. Vir. Illustr. =ed. Carmen CODOÑER, El 'De Viris Illustribus' de Ildefonso de Toledo. Estudio y edición crítica. Salamanca, 1972.

Ioh. Bicl. Chron. =ed. Julio CAMPOS, Juan de Biclaro, obispo de Gerona. Su vida y su obra. Madrid 1960.

Isid. Hisp. HG =ed. Theodor MOMMSEN, MGH Chron. Min. 2, Berlín, 1894.

Isid. Hisp. Etym. =ed. José OROZ – Manuel A. MARCOS, San Isidoro de Sevilla. Etimologías. Madrid, 2004.

Isid. Hisp. Vir. Illustr. =Carmen CODOÑER, El De Viris Illustribus de Isidoro de Sevilla. Estudio y edición crítica, Salamanca 1972.

Iul. Tol. Vita Ildeph. =ed. Juan GIL CSM I.

Leo imp. Tactica siue Re Militari liber =ed. Joannes MEURSIUS: MIGNE, PG 107. París, 1863.

LV= ed. Theodor MOMMSEN, MGH Leges Nat. Germ. 1. Suppl. Hannover – Leipzig, 1902.

Nov. =ed. Rudolfus SCHOELL – Guilelmus KROLL, Corpus Iuris Ciuilis III, Berlín, 1954.

P. Oros. Aduers. pag. =ed. Karl ZANGEMEISTER, Pauli Orosii Historiarum aduersus paganos libri septem. Corpus Scriptorum Ecclesiasticorum Latinorum, 5, Leipzig, 1889.

Procop. BG =ed. Henry B. DEWING, Procopius. London–New York–Cambridge, Ma. 1968.

Theodorus Claudii Claudiani =ed. Theodor BIRT, Carmina, MGH Aa 10, Berlín 1892.

Ven. Fort. Carm. =ed. Fridericus LEO, MGH Auct. Ant., Berlín, 1881.

Bibliografía

ABASCAL, J.M. y CEBRIÁN, R., (2006), «La inscripción métrica del obispo *Sefronius* de Segobriga (IHC 165 + 398; ICERV 276). Una revisión cronológica», en: E. CONDE *et alii* (eds.) Espacio y tiempo en la percepción de la Antigüedad Tardía. Antigüedad y Cristianismo XXIII. Murcia, 2006, 283-294.

ALMAGRO, M., BARRANCO, J.M. y GORBEA, M., *Excavaciones en el Claustro de la Catedral de Toledo*, Madrid, 2011.

APARICIO, J.A. (1993), «Notas para la aproximación al estudio de las iglesias mozárabes en la urbe toledana», *Anaquel de Estudios Árabes* IV, 9-24.

ARANDA, F., CARROBLES, J. e ISABEL SÁNCHEZ, J.L. (1997), *El sistema hidráulico romano de abastecimiento a Toledo*, Toledo.

ARBEITER, A. (2000), «Alegato por la riqueza del inventario monumental hispanovisigodo», en: L. CABALLERO y P. MATEOS (eds.), *Visigodos y Omeyas. Un debate entre la Antigüedad tardía y la alta Edad Media* [Anejos de AEspA XXIII], 251-253.

ARCE, J. (1982), *El último siglo de la España romana: 284-409*, Madrid.

ARCE, J. (2001) «Leovigildus rex» y el ceremonial de la corte visigótica, en: J. ARCE – P. DELOGU (eds.) Visigoti e Longobardi. Atti del seminario organizzato dal C.S.I.C., Escuela Española de Historia y Arqueologia en Roma e dall'Università di Roma La Sapienza, Dipartimento di Studi sulle Società e le Culture del Medioevo (Roma, 28-29 aprile 1997) Firenze, All'Insegna del Giglio, 79-92

ARCE, J. (2002), «Ludi circenses en Hispania en la Antigüedad Tardía», en: El circo en Hispania romana, Mérida, 245-255.

ARCE, J. (2003), «La villa romana de Carranque (Toledo, España): Identificación y propietario», *Gerión* 21 nº 2, 17–30.

ARCE, J. (2006), «*Villae* en el paisaje rural de Hispania romana durante la Antigüedad tardía», en: A. CHAVARRIA, J. ARCE y G.P. BROGIOLO (eds.) *Villas Tardoantiguas en el Mediterráneo Occidental* [Anejos de AEspA XXXIX], Madrid, 9-15.

ARCE, J. (2011), Esperando a los árabes. Los visigodos en Hispania (507-711), Madrid.

ARCE, J. (2012), «Campos, tierras y *uillae* en Hispania (siglos IV-VI)», en. L. CABALLERO, P. MATEOS y T. CORDERO (eds.), *Visigodos y Omeyas: el territorio* [Anejos de AEspA LXI], Madrid, 21-30.

ARNOLD, J.J. (2008), *Theodoric, the Goths and the Restoration of the Roman Empire*. A dissertation submitted in partial fulfillment of the requirements for the degree of Doctor of Philosophy (History) in The University of Michigan.

BALIL, A. (1990), «Trophaeum navalis. Observaciones sobre un mosaico de la "Vega Baja" de Toledo"», en: *Toledo y Carpetania en la Edad Antigua*, Toledo, 191–202.

BALMASEDA, L.J. (1996), «Las versiones del hallazgo del tesoro de Guarrazar», *BolMAN* XIV, 95-110.

BALMASEDA, L.J. (1998), *Arte ornamental arquitectónico visigodo en la provincia de Toledo*. Tesis doctoral inédita [Universidad Complutense de Madrid].

BALMASEDA, L.J. (2006): «Algunos problemas de la escultura visigoda toledana», en: L. CABALLERO y P. MATEOS (eds.): *Escultura decorativa tardorromana y altomedieval en la Península Ibérica* [Anejos de AEspA XLI], Mérida, 275–299.

BALMASEDA, L.J. (2007a), «Algunos problemas de la escultura visigoda toledana», en: L. CABALLERO y P. MATEOS (eds.) *Escultura decorativa tardorromana y altomedieval en la Península Ibérica* [Anejos de AEspA XLI], Mérida, 275-299.

BALMASEDA, L.J. (2007b), «En busca de las iglesias toledanas de época visigoda», en: *Hispania Gothorum. San Ildefonso y el reino visigodo de Toledo*, Toledo, 197-214.

BARBERO, A. (1989), «Las divisiones eclesiásticas y las relaciones entre la Iglesia y el Estado en la España de los siglos VI y VII», en: Mª.J. HIDALGO DE LA VEGA (ed.), *La Historia en el contexto de las Ciencias humanas y sociales. Homenaje a Marcelo Vigil Pascual*, Salamanca, 1989, 185-188.

BARRIO, C. y MAQUEDANO, B. (1996), «Alfonso X El Sabio, 6», en: *Toledo; arqueología en la ciudad*, 117–125.

BARROSO, R. y MORÍN, J. (1995), «Imagen soberana y unción regia en el reino visigodo de Toledo», *Codex Aquilarensis* 22, 199-223.

BARROSO, R. y MORÍN, J. (2004), «Materiales visigodos de la excavación de San Pedro Mártir (Toledo)», *CuPAUAM* 20, 6-65.

BARROSO, R. y MORÍN, J. (2007a), «La ciuitas regia Toletana en el contexto de la Hispania de la séptima centuria», en: J. CARROBLES, R. BARROSO, J. MORÍN y F. VALDÉS (eds.), *Regia Sedes Toletana I. La topografía de la ciudad de Toledo en la Antigüedad tardía y Alta Edad Media*, Toledo, 95-161.

BARROSO, R. y MORÍN, J., (2007b), «Toledo en el contexto de la escultura hispanovisigoda peninsular», en: J. CARROBLES, R. BARROSO y J. MORÍN (eds.), *Regia Sedes Toletana II. El Toledo visigodo a través de su escultura monumental*, Toledo, 21-64.

BARROSO, R. y MORÍN, J., (2008), *Excavaciones arqueológicas en Azután, Toledo. Un modelo de evolución en el poblamiento entre los periodos visigodo y emiral*, Madrid.

BARROSO, R., CARROBLES, J. y MORÍN, J. (eds.) (2007), *Regia Sedes Toletana II. El Toledo visigodo a través de su escultura monumental*, Toledo.

BARROSO, R., CARROBLES, J. y MORÍN, J. (2009), «Toledo visigodo y su memoria a través de los restos escultóricos», en: Th.G. SCHATTNER y F. VALDÉS (dirs.), *Spolien im Umkreis der Macht Spolia en el entorno del poder*, Instituto Arqueológico Alemán, Real Fundación de Toledo y Diputación Provincial de Toledo, Mainz am Rhein, 171–197.

BARROSO, R., CARROBLES, J. y MORÍN, J. (2011), «Arquitectura de poder en el territorio toledano en la Antigüedad tardía y época visigoda. Los palacios de Toledo como referente en la edilicia medieval», en: J. PASSINI y R. IZQUIERDO (coords.), *La ciudad medieval: de la casa principal al palacio urbano*, Toledo, 1–69.

BARROSO R., CARROBLES, J. y MORIN, J. (2012), «La articulación del territorio toledano entre la Antigüedad tardía y la Alta Edad Media (ss. IV al VIII d.C.) », en: L. CABALLERO, P. MATEOS y T. CORDERO (eds.), *Visigodos y Omeyas. El territorio* [Anejos de AEspA LXI], Madrid, 263–304.

BARROSO R., CARROBLES, J. y MORIN, J. (2013), «Petrus <Arcavicensis> Celtiberiae episcopus. ¿Un obispo en Recópolis en época visigoda?», en: *XV Congreso Internacional de Arqueología Cristiana. Episcopus, Ciuitas, Territorium*, pars II, Toledo, 2008, Città del Vaticano, 1081-1108.

BARROSO R., CARROBLES, J., DIARTE, P. y MORIN, J. (2014), «Obispos y reyes. Evolución del territorio ercavicense desde la tardía antigüedad a época visigoda: El monasterio Servitano y la ciudad regia de Recópolis», en: *Concavis Petrarum habitaverunt: el fenómeno rupestre en el Mediterráneo medieval (Museo de los Orígenes, 18–19 de diciembre de 2008)*. BAR Internacional Series S1720, Oxford, 257-294.

BELTRÁN, J. (2010), «Barcino, de colonia augustea a sede regia en época visigoda. Las transformaciones urbanas a la luz de las nuevas aportaciones de la arqueologia», en: *Arqueología, Patrimonio y desarrollo urbano problemática y soluciones*, Gerona, 31-49.

BELTRÁN, J. (2013), «Barcino, de colònia romana a sede regia visigoda, medina islàmica i ciutat comtal: una urbs en transformació», *Quarhis*: Quaderns d'arqueologia i història de la ciutat de Barcelona. Barcelona: Ajuntament de Barcelona, època II, núm. 09, 16-118.

BELTRÁN, M.F. (1990), «El II Concilio de Zaragoza (592) y las últimas repercusiones de la crisis arriana en la Hispania visigoda», *Espacio, Tiempo y Forma. Serie III: Historia Medieval* 3, 1990, 41-48.

BENDALA, M. *et alii* (1998): «La villa romana de El Saucedo (Talavera la Nueva, Toledo)», *Madrider Mitteilungen* 39, 298-310.

BOSCH, F., MACIAS, J.M., MENCHON, J.J., MUÑOZ, A. y TEIXELL, I. (2005), «La transfomació urbanística de l'acròpolis de *Tarracona*: Avanç de les excavacions del Pla Director de la catedral de Tarragona (2000–2002) », en: J.Mª GURT y A. RIBERA (eds.): *VI Reunió d'Arqueologia Cristiana Hispànica. Les ciutats tardoantiques d' Hispana: cristianització i topografia, Valencia, 8–10 de mayo 2003*, Barcelona, 167–174.

BRUHN HOFFMEYER, A. (1996), «Military equipment in the Byzantine manuscript of Scylitzes in Biblioteca Nacional in Madrid», *Gladius* 5, 1-194.

BURCH, J. *et alii* (2005), *La muntanya de Sant Julià de Ramis. Guia històrica y arqueològica*, Gerona.

CABALLERO, L. (2007), «El monasterio de Balatalmelc, Melque (San Martín de Montalbán, Toledo). En el centenario de su descubrimiento», en J. LÓPEZ *et alii* (eds.): *Monasteria et territoria. Elites, edilicia y territorio en el Mediterráneo medieval (siglos V-XI)* [BAR International Series S1720], Oxford, 91-119.

CABALLERO, R. (2005), «Intervención arqueológica en la Calle de la Sal, 9», en: *Arqueología romana en Toletum: 1985–2004*, Toledo, 97–105.

CAMERON, A. *et alii* (1993), «Barbarians and Politics at the Court of Arcadius», en: *Tranformation of the Classical Heritage XIX*, Berkeley-Los Ángeles-Oxford, 236-252.

CAMPOS, J. (ed.) (1960), *Juan de Biclaro, obispo de Gerona. Su vida y su obra*, Madrid.

CANTINO WATAGHIN, G. y GUYON, J. (2007), «Tempi e modi di formazione dei gruppi episcopali in Italia Annonaria e Provenza», en: M. MARCENARO (ed.): *Albenga città episcopale. Tempi e dinamiche della cristianizzazione tra Liguria di Ponente e Provenza. Convegno Internazionale e Tavola Rotonda. Albenga, Palazzo Vescovile: Sala degli Stemmi e Sala degli Arazzi. 21–23 settembre 2006*. Tomo. 1, Genova–Albenga, 285–328.

CANTO, A. (2000), «Las Quindecennalia de Teodosio I el Grande (19 de enero del 393 d.C.) en el gran clípeo de Madrid», en: M. ALMAGRO-GORBEA (ed.): *El disco de Teodosio* [Real Academia de la Historia, Estudios 5], Madrid, 289-300.

CANTO, A. (2006), «Sobre el origen bético de Teodosio I el Grande y su improbable nacimiento en Cauca de Gallaecia», *Latomus* 65/2, 388-421.

CARRERO, E. (2009), «Presbiterio y coro en la catedral de Toledo. En busca de unas circunstancias», *Hortus Artium Medievalium* 15/2, 315–328.

CARROBLES, J. (1990), «Introducción a la arqueología urbana de la ciudad de Toledo», en: *Actas del I Congreso de Arqueología de la provincia de Toledo*, Toledo, 483-500.

CARROBLES, J. (1997), «Prehistoria e Historia Antigua. Los orígenes de la ciudad», en: *Historia de Toledo*, Toledo, 9–113.

CARROBLES, J. (1999), «La ciudad de Toledo en la Antigüedad tardía», en: L. GARCÍA y S. RASCÓN (eds.), *Acta Antiqua Complutensia I. Complutum y las ciudades hispanas en la Antigüedad tardía*, Alcalá de Henares, 193–200.

CARROBLES, J. (2001), *El teatro romano de Toledo. Una propuesta de identificación*. Toledo.

CARROBLES, J. (2004), «Los muros de Toledo», en: J. CARROBLES (coord.), *Las murallas de Toledo*, Madrid, 9–45.

CARROBLES, J. (2007), «Toledo 284–546. Los orígenes de la capitalidad visigoda», en: J. CARROBLES, R. BARROSO, J. MORÍN y F. VALDÉS (eds.), *Regia sedes Toletana. t.I. La topografía de la ciudad de Toledo en la Antigüedad tardía y alta Edad Media*, Toledo, 45-92.

CARROBLES, J. y PALOMERO, S. (1998), «Toledo. Un vado y una ciudad estratégica», *Revista del Instituto Egipcio de Estudios Islámicos* 30, 245–261.

CARROBLES, J. e ISABEL, J. L. (2004), «El sistema hidráulico de Toledo en época romana», en: *Obras públicas en Castilla–La Mancha*, Madrid, 31–57.

CARROBLES, J., BARROSO, R., MORÍN, J. y VALDÉS, F., (2007), «Topografía toletana», en: J. CARROBLES, R. BARROSO, J. MORÍN y F. VALDÉS (eds.), *Regia sedes Toletana. t.I. La topografía de la ciudad de Toledo en la Antigüedad tardía y alta Edad Media*, Toledo, 15-41.

COLLINS, R. (2005), *La España visigoda 409-711.* (Barcelona, Crítica, 2005).

CORTÉS, S. et alii (1984), «Nuevas inscripciones romanas en el Museo de Santa Cruz», *Museos* 3, 74-75, nº 3.

DE LOS RÍOS, J.A. (1845), *Toledo pintoresco ó descripción de sus más célebres monumentos*, Madrid.

DE LOS RÍOS, J.A. (1861), *El arte latino-bizantino en España y las coronas visigodas de Guarrazar: Ensayo histórico-crítico*, Madrid, 1861.

DÍAZ, P.C. (2011), *El reino suevo (411-585)*, Madrid.

DUVAL, N. y POPOVIĆ, V. (eds.) (2010), *Caričin Grad. III, L'acropole et ses monuments (cathédrale, baptistère et bâtiments annexes)*, [Collection de l'École française de Rome 75/3], Roma.

EGER, Ch. (2010), «Guarrazar» en: J. MORIN et alii (eds.): *El tiempo de los 'bárbaros'. Pervivencia y transformación en Galia e Hispania (ss. V-VI d.C.).* [Zona Arqueológica 11], Alcalá de Henares, 563-565.

EWIG, E. (1963), «Résidence et capitale pendant le Haut Moyen Age», *Revue Historique* 230, 25-72.

FERNÁNDEZ, C. (2007), «¿Qué esconden los sótanos de Hacienda?», en: *Arqueología romana en Toletum: 1985–2004*, Toledo, 87–95.

FERNÁNDEZ, L. (1996), «Santa Úrsula, 10, 12, 14, 16 y 18», en: *Toledo; Arqueología en la ciudad*, Toledo, 111–115.

FERNÁNDEZ, C. y MORILLO, A. (2006), «Las puertas de las murallas urbanas en la Hispania tardorromana», en: Th. SCHATTNER y F. VALDÉS (coords.): *Stadttore–Puertas de ciudades. Tipo arquitectónico y forma artística*, Mainz am Rheim, 253–274.

FERNÁNDEZ, C., BENDALA, M. y García-Entero, V. (2007), «Últimos trabajos arqueológicos en el yacimiento de Carranque (Toledo). 2004-2005», en: J.M. MILLÁN y C. RODRÍGUEZ (coords.): *Arqueología de Castilla-La Mancha. Actas de las I Jornadas, Cuenca*, 743-753.

FITA, F. (1889), «Noticia de una ley de Teudis desconocida, recientemente descubierta en un palimpsesto de la catedral de León», *BolRAH* 14/6, 473-495.

FITA, F. (1909), «Mateo Miguélez Aben Furón. Su epitafio toledano (+ 4 enero 1249) en la parroquia de Santa Leocadia», *BolRAH* 54, 105-107.

FUENTES, A. (1997), «Aproximación a la ciudad hispana de los siglos I y V d.C.», en: *Congreso Internacional La Hispania de Teodosio*, vol. II, Valladolid, 477–496.

FUENTES, A. (coord.) (2006), *Castilla–La Mancha en época romana y antigüedad tardía*. Ciudad Real.

FUENTES, P. (1996), «La obra política de Teudis y sus aportaciones a la construcción del reino visigodo de Toledo», *España Medieval* 19, 9-36.

GARCÍA, Mª G., MORO, M. y TUSET, F. (2009), *La seu episcopal d'Ègara. Arqueologia d'un conjunt cristià del segle IV al IX* [Sèrie Documenta 8], Tarragona.

GARCÍA, L.A. (1974), *Prosopografía del reino visigodo de Toledo* [Acta Salmanticensia 24], Salamanca.

GARCÍA, L.A. (1983), «Propaganda religiosa y conflicto político en la epigrafía de época visigoda», en: M. MAYER y J. GÓMEZ (coords.): *Religio Deorum. Coloquio Internacional de Epigrafía Cultura y Sociedad en Occidente*. Sabadell, 193-201.

GARCÍA, L.A. (1990), «Los orígenes de la Carpetania visigoda», en: *Toledo y Carpetania en la Edad Antigua*, Toledo, 246-249.

GARCÍA, L.A. (1991), «El hábitat rural disperso en la península ibérica durante la Antigüedad tardía», *Antigüedad y Cristianismo* VIII, 265-274.

GARCÍA, L.A. (1997), «Las Españas de los siglos V-X: Invasiones, religiones, reinos y estabilidad familiar», en: J.I. DE LA IGLESIA (coord.): *VII Semana de Estudios Medievales, Nájera, 29 de julio al 2 de agosto de 1996*, Nájera, 217-234.

GARCÍA, L.A. (2007), «San Ildefonso y sus relaciones con el poder político», en: *Hispania Gothorum. San Ildefonso y el reino visigodo de Toledo*, Toledo, 239-252.

GARCÍA, J. (2005a), «Comercio, 41: restos de un Hipocaustum», en: *Arqueología romana en Toletum: 1985–2004*, Toledo, 185–189.

GARCÍA, J. (2005b), «La necrópolis tardorromana del Paseo de la Basílica», en: *Arqueología romana en Toletum: 1985–2004*, Toledo, 191–199.

GARCÍA, J. y GÓMEZ F. M. (2005a), «Restos de una piscina de baptisterio en la Plaza de Santa Isabel», en: *Arqueología romana en Toletum: 1985–2004*, Toledo, 107–112.

GARCÍA, J. y GÓMEZ F. M. (2005b), «Nuevas inscripciones funerarias de Toletum», en: *Arqueología romana en Toletum: 1985–2004*, Toledo, 207–212.

GAREN, S. (1992), «Santa María de Melque and church construction under Muslim rule», *Journal of the Society of Architectural Historians* 51/3, 288-305.

GODOY, C. (1989), «Baptisterios hispánicos (siglos IV al VIII). Arqueología y liturgia», en: *Actes du XIe Congrés International d'Archèologie Chrétienne. Lyon, Vienne, Grenoble, Genève et Aoeste (2–28 settembre 1986)*, vol. I [Studi di Antichità cristiana pubblicati a cura del P.I.A.C 41, Collection de l'École Française de Rome 123], Città del Vaticano, Roma, 607–634.

GÓMEZ, J. (2007), «Humor 'negro': el diálogo entre vivos y muertos en la poesía epigráfica latina», *Exemplaria Classica* 11, 167-196.

GONZÁLEZ, A. (1926 y 1939), *Los mozárabes de Toledo en los siglos XII y XIII* [Instituto Valencia de Don Juan, vol. I y vo. III], Madrid.

CONRAD VON KONRADSHEIM, G. (1980), «Exploration géophysique des soubassements de la Cathédrale de Tolède», *Annales d'Histoire de l'Art et de l'Archéologie* 2, 195-99.

GURT, J.Mª y SÁNCHEZ, I. (2011), «Episcopal groups in Hispania», *Oxford Journal of Archaeology* 30/3, 273–298.

GURT, J.Mª y DIARTE, P. (2012), «La basílica de Santa Leocadia y el final de uso del circo romano de Toledo: una nueva interpretación», *Zephyrus* 69, 149-163.

HAUSCHILD, Th. (1978), «Das mausoleum von Las Vegas de Pueblanueva (prov. Toledo)», *Madrider Mitteilungen* 19, 307-339.

HEATHER, P. (1996), *The Goths*, Oxford.

ISLA, A. (2001), «Villa, villula, castellum. Problemas de terminología rural en época visigoda», *AyTM* 8, 9-19.

JORGE, M. (1957), «El primer Credo epigráfico visigodo y otros restos coetáneos, descubiertos en Toledo», *AEArt* 30, 307-313.

Juan, E. y Lerma, J.V. (2000), «La villa áulica del Pla de Nadal (Riba-Roja de Túria)», en: *Los orígenes del cristianismo en Valencia y su entorno*, Valencia, 135-142.

KOCH, M. (2008), «La imperialización del Reino visigodo bajo Leovigildo. ¿Es la *imitatio imperii* de Leovigildo la manifestación de un momento de cambio en la pretensión de poder y la ideología visigodas?», *Pyrenae* 39/2, 101-117.

KULIKOWSKI, M. (2010), *Late Roman Spain and its cities*, Baltimore.

LINAJE, A. (1973), *Los orígenes del monacato benedictino en la Península Ibérica*. León.

LOPES, V. y TORRES, C. (2013), «Bautismo em Mértola», *Nacional Geographic Portugal* (dezembre).

MANGAS, J. y CARROBLES, J. (1998), «Ciudades del área de la provincia de Toledo en época republicana», en: J. MANGAS (ed.): *Italia e Hispania en la crisis de la República Romana*, Madrid, 243–253.

MARTIN, C. (2003), *La Géographie du pouvoir dans l'Espagne visigothique*, Lille.

MARTÍNEZ, S., SÁNCHEZ, S. y PRADOS, F. (2001), «Ultimas actuaciones arqueológicas en la Puerta de Bisagra Nueva. Toledo», en: *II Congreso de Arqueología de la Provincia de Toledo. La Mancha Occidental y La Mesa de Ocaña*, vol. II., Toledo, 267–286.

MATEOS, P. y ALBA, M. (2000), «De Emerita Augusta a Marida», en: L. CABALLERO y P. MATEOS (eds.): *Visigodos y Omeyas. Un debate entre la Antigüedad Tardía y la Alta Edad Media* [Anejos de AEspA XXIII], Madrid, 143–168.

MAYMÓ, P. (2000-2001), «Actuación social e ideario episcopal en los *carmina Latina epigraphica* hispanos: una propuesta de análisis)», *Cassiodorus* 6-7, 215-229.

MORALEDA, J. (1928), «El monasterio Agaliense de Toledo», *Toletum* 35, 130-138.

MORÍN. J. (coord.) (2006), *La investigación arqueológica de la época visigoda en la Comunidad de Madrid* [Zona Arqueológica 8], Alcalá de Henares, 3 vols.

OLMO, L. (2007), «Nuevos paisajes urbanos y consolidación del estado en época visigoda», en: *Hispania Gothorum. San Ildefonso y el reino visigodo de Toledo*, Toledo, 161-180.

OLMO, L. (2008), «Recópolis: una ciudad en una época de transformacione», en: L.OLMO (ed.): *Recópolis y la ciudad en la época visigoda* [Zona Arqueológica 9], Alcalá de Henares, 40–62.

OLMO, L. (2010), «Ciudad y estado en época visigoda: Toledo, la construcción de un nuevo paisaje urbano», en: A. García *et alii* (eds.): *Espacios urbanos en el Occidente mediterráneo (s. VI-VIII)*, Madrid, 87-111.

PALOL, P. (1968), *Arte hispánico de la época visigoda*, Barcelona.

PALOL, P. (1972), «Una tumba romana de Toledo y los frenos de caballo hispanorromanos del Bajo Imperio», *Pyrenae* 8, 133–150.

PALOL, P. (1991), «Resultados de las excavaciones junto al Cristo de la Vega, supuesta basílica conciliar de Sta. Leocadia, de Toledo. Algunas notas de topografía religiosa de la ciudad», en: *Actas del Congreso Internacional del XIV Centenario El Concilio III de Toledo (589–1989) (Toledo 1989)*, Toledo, 787–832.

PALOMERO, S. (2001), «Una hipótesis de reconstrucción de la red viaria romana en la submeseta sur según el IT. De Antonino (vías 24, 25, 29, 30 y 31)», en: *II Congreso de Arqueología de la Provincia de Toledo. La Mancha Occidental y La Mesa de Ocaña*, vol. I Toledo, 303–332.

PANZRAM, S. (2010), «Mérida contra Toledo, Eulalia contra Leocadia: listados "falsificados" de obispos como medio de autorepresentación municipal», en: A. García *et alii* (eds.): *Espacios urbanos en el Occidente mediterráneo (s. VI-VIII)*, Madrid, 123-130.

PEIDRO, J. (2008), «La región de la Oróspeda tras Leovigildo. Organización y administración del territorio», *Verdolay-MAM* 11, 263-276.

PEREA, A. (ed.) (2009), *El tesoro visigodo de Torredonjimeno*. Madrid.

PUERTAS, R. (1975), *Iglesias hispánicas (siglos IV al VIII). Testimonios literarios*. Madrid.

RAMÍREZ, J.L. y MATEOS, P. (2000), *Catálogo de las inscripciones cristianas de Mérida*, Mérida.

RAMOS, J. «Las almunias de la ciudad de Toledo. Desde época califal al periodo feudal», en: *II Congreso de Arqueología de la provincia de Toledo. La Mancha Occidental y la Mesa de Ocaña*, vol. II, Toledo, 203-226.

REYNOLDS, R.E. (1989), «The *ciuitas regia toletana* before the Reconquista: A Mozarabic vision in the codices Vigilanus and Aemilianensis», en: *Estudios sobre Alfonso VI y la reconquista de Toledo. II Congreso Internacional de Estudios Mozárabes*, Toledo, 153-184.

RIBERA, A.V. y ROSSELLÓ, M. (2000), «El primer grupo episcopal de Valencia», en: *Los orígenes del cristianismo en Valencia y su entorno*, Valencia, 165-185.

RICO, D. (2009), «Arquitectura y epigrafía en la Antigüedad Tardía. Testimonios hispanos», *Pyrenae* 40/1, 7-56.

RIPOLL, G. (2000), «Sedes regiae en la Hispania de la Antigüedad tardía», en: G. RIPOLL y J.Mª GURT, (eds.): *Sedes Regiae (ann. 400-800)*, Barcelona, 2371-401.

RIPOLL, G. (2007), «Las necrópolis visigodas. Reflexiones en torno al problema de la identificación del asentamiento visigodo en Occidente según los materiales arqueológicos», en: *Hispania Gothorum. San Ildefonso y el reino visigodo de Toledo*, Toledo, 59–74.

RIVERA, J.F. (1950-1951a), «Cixila, arzobispo de Toledo (745-754). Elogio, vida y milagros de San Ildefonso de Toledo», *BRAT* 64-65, 76-80.

RIVERA, J.F. (1950-1951b), «La catedral de Toledo. Museo de Historia, II. Época visigoda», *BRAT* 64-65, 1950-1951, 24-75.

RIVERA, J.F. (1985), *San Ildefonso de Toledo. Biografía, época y posteridad*, Madrid.

ROJAS, J.M. y GÓMEZ, A.J. (2009), «Intervención arqueológica en la Vega Baja de Toledo. Características del centro político y religioso del Reino Visigodo», en: L. CABALLERO, P. MATEOS y MªA. UTRERO (eds.): *El siglo VII frente al siglo VII: Arquitectura* [Anejos de AEspA LI], Madrid, 45–89.

ROJAS, J.M.; J, A., PEREIRA, J., PÉREZ, J. y GARRIDO, G.M. (2007), «El Convento de Madre de Dios. Evolución histórica de una manzana de Toledo a través de la arqueología», en: J. PASSINI y R. IZQUIERDO (coords.): *La ciudad medieval de Toledo: Historia, arqueología y rehabilitación de la casa*, Madrid, 281–319.

ROJAS RODRÍGEZ-MALO, J.M. «El primer año de trabajos en Guarrazar. La confirmación de un importante yacimiento arqueológico», en *VII Jornadas de Cultura Visigoda (13 a 16 de Mayo de 2014)*. Toledo, 2014, 99. 37-66.

RUBIO, R. y TSIOLIS, V. (2004), «El primer recinto amurallado de Toledo», en: J. CARROBLES (coord.): *Los muros de Toledo*, Madrid, 225–249.

RUIZ, D. (2013), «La ruptura funeraria del *pomerium* desde su nacimiento y hasta su desaparición. Enterramientos *in urbe*», *Revista Onoba* 1,187-204.

SAN ROMÁN, F. de B.(1934), «El segundo mosaico romano de la Vega baja de Toledo», *Anuario del Cuerpo Facultativo de Archiveros, Bibliotecarios y Arqueólogos* II, 339–347.

SÁNCHEZ, E. (2001), «El territorio toledano, un hito en la articulación interna de la Meseta prerromana», en: *Actas del II Congreso de Arqueología de la Provincia de Toledo. La Mancha Occidental y La Mesa de Ocaña*, vol. II, Toledo, 123–145.

SÁNCHEZ, I. y MORÍN, J. (2014), *Idanha-a-Velha. Portugal. 1. El episcopio de Egitania en época tardoantigua*, Madrid.

SÁNCHEZ–CHIQUITO, S. (1994), «Estudios arqueológicos desarrollados en el Hotel Lino (Toledo) », *Anales Toledanos* 31, 113–115.

SÁNCHEZ–PALENCIA, F.J. y SÁINZ, M.J. (1988), *El Circo Romano de Toledo: Estratigrafía y Arquitectura*, Toledo.

SANTIAGO, J. (2009), «El hábito epigráfico en la Hispania visigoda», en: J.C. GALENDE y J. SANTIAGO (dirs.): *VIII Jornadas Científicas sobre documentación de la Hispania altomedieval (siglos VI-X)*, Madrid, 291-344.

SAYAS, J.J. y ABAD, M (2013), *Historia antigua de la península ibérica II. Época tardoimperial y visigoda*, Madrid.

SCHATTNER, Th.G. (2009), «Römische Spolien in Toledo», en: Th.G. SCHATTNER y F. VALDÉS (eds.): *Spolien im Umkreis der Macht/Spolia en el entorno del poder*, Mainz am Rhein, 91-150.

TEJA, R. (2002), «Los símbolos del poder: el ceremonial regio de Bizancio a Toledo», en: M. CORTÉS (coord.): *Toledo y Bizancio*, Cuenca, 113-122.

TORRES, M. (1980), «El mosaico romano de Cabañas de la Sagra», *Boletín del Seminario de Arte y Arqueología de Valladolid* XLVI, 180–187.

TSIOLIS, V. (2005a), «Tipologías y estructuras: Opus Quadratum y Opus Vittatum en Toledo», en: *Arqueología romana en Toletum: 1985–2004*, Toledo, 59–63.

TSIOLIS, V. (2005b), «Materiales cerámicos y Contexto Estratigráfico en la Puerta del Sol», en: *Arqueología romana en Toletum: 1985–2004*, Toledo, 83–85.

TSIOLIS, V. (2005c), «Las murallas de Toledo: Nuevas aportaciones a la historia urbana de la ciudad», en: *Espacios fortificados en la provincia de Toledo*, Toledo, 69–86.

UROZ, J. POVEDA, M. y MÁRQUEZ, J.C. (2006), «La Puerta Norte de Libisosa. Cronología y Arquitectura», en: Th. SCHATTNER y F. VALDÉS (coords.): *Stadttore–Puertas de ciudades. Tipo arquitectónico y forma artística*, Mainz am Rheim, 173–184.

VALDÉS, F. (2007), «Un puente sobre el Tajo. El proceso de islamización de la ciudad de Toledo», en: J. CARROBLES, R. BARROSO, J. MORÍN y F. VALDÉS (eds.): *Regia Sedes Toletana I. La topografía de la ciudad de Toledo en la Antigüedad tardía y Alta Edad Media*, Madrid, 2007, 165-206.

VELÁZQUEZ, I. (1996), «Dobletes en la epigrafía funeraria latina: materiales para su estudio», *Cuad. Fil. Clás. Est. Lat.* 11, 77-113.

VELÁZQUEZ, I. (1999), «Impronta religiosa en el desarrollo jurídico de la Hispania visigoda», *Ilu. Revista de ciencias de las religiones. Cuadernos* 2, 97-121.

VELÁZQUEZ, I. (2004), «Carmina epigraphico more. El códice de Azagra (Madrid BN ms. 10029) y la práctica del 'género literario' epigráfico», en: J. GÓMEZ y C. FERNÁNDEZ (eds.): *II Reunión sobre Poesía Epigráfica Latina*. Institut Català d'Arqueologia Clàssica, Tarragona, 24.

VELÁZQUEZ, I. (2005), «Toletum: Vrbs regia y sedes metropolitana de la Hispania visigoda. Folio 142r del Codex Vigilanus o Albeldensis (Esc. D.I.2)», en: *En la pizarra. Los últimos hispanorromanos de la Meseta*, Burgos, 2005, 218-220.

VELÁZQUEZ, I. (2011), «La inscripción de consagración de la catedral de Toledo», en: M. ALMAGRO-GORBEA *et alii* (eds): *Excavaciones en el claustro de la catedral de Toledo* [Bibliotheca Archaeologica Hispana 33], Madrid, 261-280.

VELÁZQUEZ, I. y RIPOLL, G. (2000), «Toletum, la construcción de una urbs regia», en: G. RIPOLL y J.Mª GURT (eds.): *Sedes Regiae (ann. 400-800)*, Barcelona, 521-578.

VESPIGNANI, G. y TEJA, R. (2008), «El conjunto arquitectónico palacio-circo-iglesia palatina de las capitales imperiales tardo-antiguas y la topografía suburbana de la Toledo visigótica: una hipótesis de interpretación», en: Comunicación en el *XV Congreso Internacional de Arqueología Cristiana. Episcopus, ciuitas, territorium. Toledo, del 8 al 12 de septiembre de 2008*, Toledo.

VICENTE, A., y ROJAS, J.M (2009), «Hernán Páez. Un establecimiento rural del siglo VIII en el entorno de Toledo», *ARSE* 43, 287-315.

VILLA, R. (1996), «Locum, 11», en: Toledo; arqueología en la ciudad, Toledo, 83–93).

VIVES, J. (1963), *Concilios visigóticos e hispano–romanos*, Barcelona–Madrid.

VV.AA. (1996), *Toledo; arqueología en la ciudad*, Toledo.

VV.AA. (2005), *Arqueología Romana en Toletum: 1985–2004*, Toledo.

VV. AA. (2009), *La Vega Baja de Toledo*, Toledo.

WOLFRAM, H. (1997), *The Roman Empire and its Germanic Peoples,* Berkeley–Los Ángeles–Londres.

YARZA, V. (2006), «La *Vita uel Gesta Sancti Ildefonsi* de Ps. Eladio. Estudio, edición crítica y traducción», *Veleia* 23, 279-325.